RADIONIK

David V. Tansley

Radionik

Energetische Diagnose
und Behandlung

mit einem Vorwort von
Dr. Ian C. B. Pearce

SYNTHESIS VERLAG

Vom gleichen Autor erscheinen im Synthesis Verlag:

Der feinstoffliche Mensch
Auras, Chakras und die Strahlen des Lebens
Die Aura des Menschen

Titel der englischen Originalausgabe:
Radionics
Originalverlag: Element Books, Longmead, Shaftesbury, Dorset

Übersetzt von Christopher Baker
Umschlagentwurf: Alois Hanslian
Ausführung: Ingrid Breiding

Satz: ZERO Typografischer Betrieb, Rheinberg
ISBN 3-922-026-44-3

Dieses Buch ist dem Andenken an

MALCOLM RAE

gewidmet, dessen Beitrag zur Radionik

Therapeuten wie Patienten

nach wie vor unschätzbare Dienste leistet.

Abbildungen

Inhalt

Vorwort

»Der größte Irrtum unserer Tage bei der Behandlung des menschlichen Körpers besteht darin, daß die Ärzte zuerst die Seele vom Körper trennen«, schrieb Plato. Niemand könnte diesen Vorwurf gegen David Tansley erheben. Seine Sicht der wahren Natur des Menschen ist die einer komplexen Verschmelzung der Energien der physischen, emotionalen, intellektuellen und spirituellen Ebenen, die eng verbunden, tatsächlich sogar eins sind mit der Gesamtsumme der kosmischen Energien. Hier werden moderne Ansichten, die gerade erst in der Schulmedizin Eingang finden, mit außerordentlicher Präzision und Klarheit zum Ausdruck gebracht: daß sich die Suche nach der Krankheitsursache nicht auf das rein Körperliche beschränken darf, sondern zu der Erkenntnis gelangen muß, daß jedes Individuum nicht in einem Zustand der Isolation existiert, sondern in einem unermeßlichen Meer kosmischer Energie schwimmt, von dem es ein integraler Bestandteil ist, während es aus diesem Grund zugleich auch ein Bestandteil aller anderen Lebewesen ist. Tansley hat den gesamten Krankheitsbegriff weg von einer idiopathischen Funktionsstörung von Zellen und Organen in eine spirituelle Dimension geführt und die intuitiven Erkenntnisse östlichen Denkens mit westlicher Analyse und Logik verschmolzen.

Krankheit wird hier nicht als Folge eines Angriffs von außen angesehen, sondern als etwas, das man aus Gedankenmustern und emotionalen Einstellungen heraus selbst erzeugt; und das Heilen dieser Krankheit wird dann begriffen als Folge der Korrektur und des Wiederausgleichens der Energiesysteme, aus denen das Individuum zusammengesetzt ist. Die Radionik ist eine praktische Methode, um den Vorgang zu unterstützen, der von entscheidender Bedeutung ist: die Wiederherstellung des Gleichgewichts dieser Energiesysteme.

Dies ist kein Buch, das sich konventionell ausgebildeten Ärzten empfehlen wird. Sie werden darin einen massiven Angriff auf ihre traditionelle Position als Hüter der öffentlichen Gesundheit sehen sowie auf die Autorität, die sie über das Leben ihrer Patienten haben. Die Wissenschaft sieht sich inzwischen gezwungen, die Existenz des elektromagnetischen Feldes in Verbindung mit lebenden Körpern zu akzeptieren und sogar auch die Tatsache, daß dieses Feld von anderen Feldern im Universum beeinflußt werden kann. Dennoch ist die Vorstellung, daß Gefühle, Gedanken und sogar der Geist selbständig existieren und das Verhalten physischer Körper beeinflussen können, nicht gerade dazu geeignet, denen zu gefallen, die das Denken noch für das Produkt der Aktivität der Gehirnzellen halten. Wenn die Praktiken, die in diesem Buch umrissen werden, erst einmal allgemeinere Anwendung im Heilbereich gefunden haben, wird der traditionelle Ansatz der Schulmedizin in zunehmendem Maß untergraben und die Rolle des traditionellen Arztes überflüssig werden.

Bei den meisten Menschen ruft der Begriff »Radionik« die Vorstellung von Mikrochips und der Welt des Computers hervor — etwas, das ihr Begriffsvermögen übersteigt, es sei denn, sie wären auf diesem Gebiet besonders ausgebildet worden. Die Vorstellung, daß jemand, der sich in Europa befindet, zu einem präzisen Verständnis nicht nur eines Krankheitsverlaufs, sondern auch der gesamten Persönlichkeit eines Patienten gelangen kann, der sich auf der anderen Seite der Welt, etwa in Australien, befindet, ist so unwahrscheinlich, daß sie völlig unglaubwürdig erscheint. Doch liegt es erst eine Generation zurück, daß die Wissenschaftler über die Telepathie derselben Ansicht waren, bis von Ravitz überzeugend demonstriert wurde, daß es sich bei diesem Phänomen um eine Tatsache handelt. In ähnlicher Weise weigern sich viele Wissenschaftler heute, das Phänomen der Präkognition anzuerkennen, obwohl es viele gut belegte Beispiele dafür gibt. Zeit und Raum sind Dimensionen der materiellen Welt, die nur einen Teil des kosmischen Ganzen ausmacht. Tansleys Buch ermöglicht ein besseres Verständnis dieser Tatsachen. Die Phänomene der intuitiven Wahrnehmung und der Fernheilung sind nicht neu. Es gibt sie seit Anbeginn der Zeit, und viele Beispiele dafür sind schon in der Bibel zu finden. Viele Heiler und Gebetsgruppen arbeiten heute auf diese Weise. Mit der Wünschelrute nach Wasser und nach Mineralien zu suchen ist eine seit Generationen anerkannte Praktik. Die giftigen Wirkungen vieler Chemikalien und Mineralien sind heute in zunehmendem Maß bekannt und haben sogar zur Entwicklung eines neuen medizinischen Zweiges geführt, nämlich der medizinischen Ökologie. Die Ideen Hahnemanns, »Gleiches mit Gleichem zu heilen«, sind seit mehr als einem Jahrhundert bekannt, und die Bach-Blütenessenzen haben bei vielen Menschen eine weite Verbreitung gefunden. Tansley webt aus all diesen scheinbar unzusammenhängenden Fragmenten ein dichtes Muster des Verständnisses, das in hohem Maße all diejenigen bestärken wird, die der Ansicht sind, daß sich die Medizin gegenwärtig in einem selbstzerstörerischen Niedergang befindet.

Der Begriff der »holistischen« oder »ganzheitlichen« Medizin wird gegenwärtig weidlich überstrapaziert und scheint für die meisten Menschen gleichbedeutend mit »alternativ« zu sein. Dies ist jedoch völlig unzutreffend. Ganzheitlich bedeutet Behandlung des Ganzen, und ganzheitliche Medizin beinhaltet die ärztliche Behandlung der Gesamtheit des Menschen — Geist, Seele und Körper —, anstatt sie, wie dies von den meisten Ärzten heute praktiziert wird, nur auf den physischen Körper zu beschränken. Ganzheitliche Medizin beinhaltet, daß der Arzt die im wesentlichen spirituelle Natur des Menschen und die Kraft der Lebewesen, die Homöostase aufrechtzuerhalten — das heißt, sich selbst zu heilen — erkennt. Sie beinhaltet auch, daß der Patient seine eigene Verantwortung und Beteiligung erkennt, sowohl bei der Entstehung der Krankheit wie auch beim Heilungsprozeß. In dieser

Hinsicht ist die Radionik im vollsten Sinne des Wortes wahrhaft holistisch/ganzheitlich. Die Radionik-Analyse und ihre Interpretation für den Patienten können, ganz gleich über welches Verständnisniveau er verfügt, diesen Selbstheilungsprozeß nur unterstützen. Mein einziger Vorbehalt gilt dem andauernden Gebrauch des Wortes »Behandlung«, das dem Patienten die Vorstellung zu vermitteln scheint, daß etwas durch eine von außen wirksame Kraft *mit* ihm gemacht wird, anstatt die Idee zu vermitteln, daß die Radionik bei der Wiederherstellung des Gleichgewichts der Energiesysteme nur Hilfestellung leistet und die Kraft der Selbstheilung verstärkt.

Die Gretchenfrage lautet: »Funktioniert sie?« »Radionik ist ein Haufen Unsinn«, sagte ein prominenter amerikanischer Chirurg zu dem Verfasser. »Aber«, fügte er mit gequältem Lächeln hinzu, »sie funktioniert!« Tansley erklärt, wie und warum sie funktioniert. Ich selbst weiß, daß sie funktioniert, da mir ein hochgeachteter und sehr geliebter Radionik-Lehrer einige Jahre lang bei einem chronischen Darmleiden mit Radionik geholfen hat, bei einer Gelegenheit über eine Entfernung von fast 10.000 Kilometern.

Die Radionik ist immer noch ihrer Zeit voraus. Viele, die dieses ausgezeichnete Buch lesen, werden es mit einem verächtlichen Schulterzucken und vielleicht mit der spöttischen Bemerkung abtun: »Also wenn du das glaubst, glaubst du wirklich alles.« Doch der Lauf der Zeit und die hingebungsvolle Arbeit und Lehre von Menschen wie Tansley und seinen Kollegen werden die Fortdauer der Radionik gewährleisten. Die Wahrscheinlichkeit ist gegeben, daß die Radionik mit der Zeit der Schulmedizin den Rang ablaufen wird. Ich bedaure nur, daß ich mich dann außerhalb des Raum-Zeit-Kontinuums befinden werde und dies aus einer anderen Dimension werde beobachten müssen.

Ian C. B. Pearce

1
Was ist Radionik?

Es liegt im Wesen der Radionik, daß sie schwierig zu definieren ist. Schaut man sich an, was zu diesem Thema geschrieben worden ist, so fällt einem bald auf, daß es keine präzise Definition für diese einmalige und bemerkenswerte Heilkunst gibt. Beispielsweise findet man den Begriff »Radionik« auch nicht im Wörterbuch. Würde man einem repräsentativen Querschnitt der Bevölkerung die Frage stellen: »Was ist Radionik?«, ist die Wahrscheinlichkeit groß, daß, wenn überhaupt, nur wenige die richtige Antwort geben könnten. Manche würden vielleicht die Vermutung äußern, daß es etwas mit Radio zu tun habe, aber das wäre völlig verkehrt. Warum ist es so schwierig, Radionik zu definieren? Da sie existiert, muß sie doch auch definierbar sein! Ich glaube, daß die Schwierigkeit daraus entsteht, daß die Radionik eine solche Breite und Tiefe besitzt, ein solches Potential, und daß ihr Anwendungsbereich so universal ist, daß sie sich nicht so einfach in den begrenzten Rahmen des Glaubens- und Begriffssystems pressen läßt, der unser Alltagsleben bestimmt. Die Radionik durchbricht in all ihren Aspekten die Barrieren des konventionellen Wissens. Sie ist eine Heilkunst, die unsere Sicht der menschlichen Natur erweitert; sie ist eher vitalistisch als mechanistisch. Sie überwindet die Grenzen zwischen Wissenschaft, Philosophie und Religion, und, vor allem anderen, sie befaßt sich mit der gesamten Person. Auf der Basis all dessen, was ich bisher gesagt habe, muß ich jetzt versuchen, eine Art von Definition zu schaffen, um die sich die verschiedenen Aspekte der Radionik gruppieren können, damit Sie sich einen Eindruck von dem Ganzen machen können.

Einfach gesagt ist Radionik ein System der Ferndiagnose und Fernbehandlung, das sich der menschlichen Fähigkeit der außersinnlichen Wahrnehmung bedient, in Verbindung mit bestimmten speziell konstruierten Instrumenten, die uns helfen, die zugrundeliegenden Wurzeln von Krankheit in einem lebenden Organismus zu bestimmen. Radionik ist eine Heilkunst, die ihre Wurzeln in der Medizin des zwanzigsten Jahrhunderts hat, jedoch insofern einmalig ist, als sie sich bewußt und absichtlich der höheren geistigen Fähigkeiten bedient, deren Existenz die Wissenschaft weitgehend abstreiten zu müssen glaubt.

Unsere Gesellschaft im allgemeinen ist auf eine recht enge Weltsicht konditioniert und wehrt sich gerade wegen dieser Konditionierung gegen die Vorstellung, daß es möglich sei, eine Diagnose darüber zu erstellen, was jemandem fehlt, der weit entfernt, vielleicht sogar am anderen Ende der Welt lebt. Unser Intellekt mit seiner logisch-rationalen Lebenseinstellung bezeichnet eine Handlung wie die Ferndiagnose als unlogisch und aus diesem Grund auch als nicht wirksam durchführbar. Der Intellekt erhebt die Forderung, daß der Therapeut, um zu wissen, was einem Patienten fehlt, diesen körperlich sehen und untersuchen müsse. Die Überlegungen vieler Menschen gehen über genau diesen Punkt nicht hinaus, da ihre Lebenseinstellung auf dem beruht, was als intellektuelles Wissen bezeichnet wird und gegen das auch — für den Bereich, den es abdeckt — durchaus nichts einzuwenden ist. Es gibt jedoch noch eine andere Art des Wissens, nämlich das intuitive Wissen. Wir alle haben es in unserem Leben viele Male erlebt; wir wissen oft Dinge, ohne zu wissen, warum und wie wir sie wissen. Wir sehen Dinge vorher, wir haben Gefühle oder Eindrücke von Dingen, die den physischen Sinnen nicht zugänglich sind. Wenn wir uns die Zeit nehmen, zu beobachten, wie unser Verstand funktioniert, werden wir sogar überrascht sein, wie oft sich diese intuitive Fähigkeit manifestiert. Die meisten von uns haben schon erlebt, daß ihnen ein Freund oder

Verwandter sehr intensiv gegenwärtig war oder sie sehr intensiv an ihn denken mußten und er dann innerhalb der nächsten Minute anrief. Oder Sie bekommen einen Brief von einer Person, mit der Sie jahrelang keinen Kontakt hatten, kurz nachdem Sie zum ersten Mal seit langer Zeit an diesen Menschen gedacht hatten. Dies sind keine Zufälle, sondern die höheren geistigen Fähigkeiten in Aktion.

Das Problem ist, daß die logischen Anteile unseres Verstandes dazu neigen, das Erkennen dieser inneren Eindrücke, mit denen ein Geist unmittelbar auf einen anderen einwirkt, automatisch auszuschließen. Was passiert denn, wenn Sie den Hörer abnehmen und sich der Anrufer als der Freund erweist, an den Sie gerade gedacht hatten, mit dem Sie aber vielleicht monate- oder gar jahrelang keine Verbindung mehr hatten? Sie zeigen Ihre Überraschung und sagen vielleicht: »Ich habe gerade an dich gedacht.« Sie lachen beide darüber, und der Vorfall geht unter und wird erfolgreich verdrängt. Es gibt Wichtigeres zu besprechen als den klaren Beweis einer subtilen und recht bemerkenswerten Kommunikationsform, die sich vor dem Klingeln des Telefons abspielte. Später werden wir dieses Phänomen etwas genauer untersuchen, da es uns helfen wird, bis zu einem bestimmten Grad zu verstehen, wie die Ferndiagnose und Fernbehandlung mit Radionik funktionieren.

Obwohl wir größtenteils von unserem logischen Verstand beherrscht werden, ist es eine bemerkenswerte Tatsache, daß viele der größten wissenschaftlichen Entdeckungen nicht so sehr durch den Gebrauch der intellektuellen Fähigkeiten zustande kamen, obwohl niemand deren Bedeutung abstreiten will, sondern durch intuitive Einsichten, inspirierte Geistesblitze, die aus Tagträumen, Gedankenversunkenheit und innerer Betrachtung heraus entstanden. Nicht die geringste dieser Entdeckungen war Einsteins Relativitätstheorie, die die Weltsicht des Menschen grundlegend änderte.

Während der Intellekt seinem Wesen entsprechend innerhalb bestimmter Grenzen arbeitet, scheint die Intuition, wenn sie einmal entwickelt ist, in nahezu unbegrenztem Umfang dazu fähig zu sein, die Geheimnisse zu verstehen und ihnen Ausdruck zu verleihen, die unserem physischen Universum und der Welt, in der wir leben, zugrunde liegen. Eine Ferndiagnose darüber zu erstellen, was einem Menschen fehlt, und, nachdem man die Ursache seiner Krankheit festgestellt hat, diese fernzubehandeln, ist ganz gewiß ein bemerkenswertes Phänomen. Dennoch liegt dies sehr wohl im Bereich der Möglichkeiten eines sensiblen und entsprechend ausgebildeten Radionik-Therapeuten. Wir sind dabei, sehr rasch in das Zeitalter des Geistes einzutreten, und auch jetzt schon ist es, wenn wir uns einige der bemerkenswerten Fähigkeiten des menschlichen Geistes genauer betrachten, offensichtlich, daß es sich hier um eine ehrfurchtgebietende Kraft handelt, deren Fähigkeiten und Möglichkeiten wir kaum erst begonnen haben, uns zunutze zu machen. Nutzbar gemacht und gelenkt von den höchsten Motiven können diese Kräfte dazu verwendet werden, auf viele ungewöhnliche Weisen zu heilen und dem Leben Harmonie zu verleihen, und dies häufig auch in Fällen, in denen alles andere versagt hat.

Immer mehr Menschen entdecken die Radionik heute durch Freunde, Verwandte oder Kollegen und wenden sich dieser Art des Heilens in dem Bemühen zu, sich von gesundheitlichen Problemen zu befreien, die auf keine anderen Behandlungsweisen angesprochen haben. Das Schöne an der Radionik ist auch ihre Verträglichkeit mit jeder anderen Therapieform, und sie wird häufig in Verbindung mit homöopathischen Mitteln, biochemischen Präparaten und den Bach-Blütenessenzen verwendet. Vor allem jedoch ist die Radionik eine Heilmethode, die nicht gewaltsam auf den Körper einwirkt und deshalb auch frei ist von den unangenehmen Nebenwirkungen, die so oft mit einer medikamentösen Behandlung verbunden sind.

Natürlich ist die Radionik kein Allheilmittel, doch hat sie anderen Methoden gegenüber den Vorteil, daß der Therapeut durch den kontrollierten Einsatz seines Geistes Zugang zu Ebenen und Bereichen von Informationen über die Gesundheit des Patienten hat, die weit über das Physische hinausgehen und in denen tiefverwurzelte krankheitsverursachende Faktoren eingebettet sein können. Beispielsweise kann der Therapeut herausfinden, daß ein Patient durch Masern-Resttoxine stark belastet ist. Wenige von uns, die diese Krankheit als Kind gehabt haben oder geimpft worden sind, würden sich darüber Gedanken machen; doch es ist eine Tatsache, daß die relativ harmlosen Kinderkrankheiten hochgiftige Resttoxine zurücklassen können, die in vielen Fällen die allgemeine Gesundheit in mehr oder weniger starkem Maß untergraben können. Durch die Radionik werden diese Toxine identifiziert und beseitigt, was den Weg zu einer besseren Gesundheit bereitet. Wir werden uns später eingehender mit den Wirkungen der Toxine und auch genauer damit beschäftigen, wie sie unsere Gesundheit beeinträchtigen. Wir werden uns zum Beispiel mit den Wirkungen der Toxine beschäftigen, die in Kochgeschirr aus Aluminium und in den Zahnfüllungen aus Quecksilberamalgam enthalten sind. Dies sind nur zwei Beispiele für Faktoren, die in unserem Leben eine so alltägliche Rolle spielen, daß wir kaum jemals einen Gedanken an sie verschwenden, doch wenn man auf diese Substanzen empfindlich reagiert, können sie einem buchstäblich die Gesundheit zerstören.

Diese kurze Definition der Radionik führt zu einer Vielzahl weiterer Fragen. Radionik ist, wie ich schon sagte, schwer zu definieren; sie erfordert mehr als das, nämlich eine Erklärung. Wenn ich beispielsweise sage, daß Medizin, allgemein gesprochen, in der Verwendung von Medikamenten und Operationen besteht, durch die die Gesundheit wiederhergestellt und Krankheit verhindert werden soll, so werden Sie dies verstehen, weil Ihr Verstand mit diesen Prinzipien vertraut ist und keiner weiteren Erläuterungen oder Erklärungen bedarf. Wenn ich aber sage, daß die Radionik eine Form von Ferndiagnose und -behandlung mittels Instrumenten darstellt, bei der die menschlichen Fähigkeiten der außersinnlichen Wahrnehmung eingesetzt werden, so befinden wir uns sofort außerhalb des Bereichs unserer täglichen Glaubens- und Begriffssysteme. Wie gesagt, die Definition verlangt nach einer

Erklärung und läßt damit eine Unzahl weiterer Fragen entstehen, beispielsweise: Wie funktioniert Radionik? Wie kann ein Radionik-Therapeut feststellen, was einem Patienten fehlt, ohne ihn auch nur gesehen zu haben, und wie ist es möglich, ihn dann fernzubehandeln? Was wird durch eine Radionik-Analyse geleistet? Wie wird sie erstellt und wie wird behandelt? Welche Krankheiten können mit dieser Methode behandelt werden?

Ich werde versuchen, diese Fragen so einfach und klar wie möglich zu beantworten; zuvor jedoch wird es nötig sein, sich mit der fundamentalsten Frage auseinanderzusetzen, die durch Radionik aufgeworfen wird: Was ist das Wesen des Menschen und der Welt, in der er lebt? Mit anderen Worten, ist das Leben ein rein physikalisches Phänomen, wie es uns die Verhaltensforscher und die Anhänger des mechanistischen Weltbildes glauben machen wollen, oder ist am Leben und am Menschen mehr, als man mit den physischen Sinnen wahrnehmen kann?

Wie bereits erwähnt, nimmt die Radionik eine Stellung zwischen Wissenschaft und Philosophie ein, man könnte auch sagen, zwischen Wissenschaft und Religion. Die Radionik ist eine Heilkunst, die an viele andere Bereiche menschlichen Strebens angrenzt, besonders an die oben erwähnten, und sie hat die Qualität, Synthesen herzustellen. Darin liegt vielleicht eine der einmaligsten und faszinierendsten Eigenschaften der Radionik: Sie zwingt uns dazu, nach einer Arbeitshypothese für die Radionik zu suchen, indem wir Material aus wissenschaftlichen, religiösen und philosophischen Quellen heranziehen, um zu einem Verständnis der beobachtbaren Phänomene zu gelangen, die aus der Praxis dieser ungewöhnlichen Heilkunst entstehen. Die Radionik ist zweifellos ein komplexes Thema, doch ihre grundlegenden Prinzipien, mit denen wir uns nun befassen wollen, sind für sich genommen recht einfach. Bevor wir uns jedoch der Arbeitsweise der Radionik zuwenden, halte ich es für besser, einen kurzen Blick auf ihre Geschichte und auf manche der Menschen zu werfen, die auf diesem Gebiet einen Beitrag geleistet haben.

2
Kurze Entstehungsgeschichte der Radionik

Der Begründer der Radionik war Dr. Albert Abrams, der im Jahr 1863 geboren wurde. Er war in jeder Hinsicht ein außergewöhnlicher Mensch, der sein gesamtes Leben und den Großteil seines ererbten Vermögens der medizinischen Forschung widmete.

Abrams war der Sohn eines reichen Kaufmanns aus San Francisco, doch anstatt in die Fußspuren seines Vaters zu treten, studierte er Medizin. Tatsächlich beendete er seine Studien so früh, daß er noch zu jung war, um einen akademischen Grad verliehen zu bekommen. Aus dem Gefühl heraus, seine Studien anderswo noch erweitern zu können, lernte er Deutsch und schrieb sich an der Universität Heidelberg ein, an einer der besten medizinischen Fakultäten seiner Zeit. Nach Beendigung des gesamten Studienganges promovierte er *summa cum laude* und mit der Goldmedaille der Universität. Danach betrieb er ausgedehnte Postgraduiertenstudien in ganz Europa, unter anderem mit bedeutenden Männern wie Virchow, Helmholtz, Frerichs und Wassermann, die sich alle zu den Größen der medizinischen Welt ihrer Zeit entwickeln sollten.

Nach seiner Rückkehr nach Kalifornien wurde Abrams Professor der Pathologie und schließlich Direktor der Klinischen Medizin an der Leland Stanford University. Er war Mitglied der Amerikanischen Medizinischen Vereinigung und Autor von mindestens zwölf Büchern. Es dauerte nicht lange, bis er landesweit den Ruf eines Spezialisten für Krankheiten des Nervensystems hatte. Obwohl er Millionär war und sich ein angenehmes Leben hätte machen können, lebte Abrams für seine Arbeit und verwendete sein Vermögen dazu, die medizinische Forschung zu fördern.

Wäre Abrams im Hauptstrom der Medizin geblieben, so wäre er wohl von seinen Kollegen gefeiert worden; statt dessen sollte er eine Entdeckung machen, die ihm Angriffe und Verunglimpfungen aus allen Lagern der medizinischen und wissenschaftlichen Welt einbringen würde. Er machte diese Entdeckung ganz zufällig, während der Routineuntersuchung eines männlichen Patienten mittleren Alters, der eine bösartige Geschwulst auf der Lippe hatte. Gegen Ende der Untersuchung klopfte Abrams sanft den Bauch des Patienten ab, um die Grenze des Magens festzustellen. Zu seiner Überraschung war der Resonanzton kein hohler Klang, sondern dumpf und schwer. Verwirrt tastete er den Bauch des Patienten ab, um festzustellen, ob eine Geschwulst vorhanden sei, doch war das Ergebnis negativ. Während andere Ärzte diesem Phänomen wohl wenig Beachtung geschenkt hätten, fuhr Abrams fort, den Bauch des Patienten abzuklopfen. Nach mehreren Stunden hatte er herausgefunden, daß der Ton nur dann dumpf war, wenn der Patient sich nach Westen wendete. Drehte er sich in irgendeine andere Richtung oder legte er sich hin, wurde der Ton normal.

Abrams war sich darüber im klaren, daß er eine bemerkenswerte Entdeckung gemacht hatte. Er setzte seine Untersuchungen mit einer ganzen Reihe von Krebspatienten der Klinik fort. Sie alle wiesen ausnahmslos die gleiche dumpfklingende Zone oberhalb des Nabels auf. Diese Reaktion wurde als »Elektronische Reaktion von Abrams«, kurz »E.R.A.«, bekannt und lieferte die Basis für Abrams' Theorie, daß Krankheit weniger eine Störung auf zellulärer Ebene sei, als vielmehr mit einem Ungleichgewicht der Elektronen in den Atomen des Körpers zu tun habe. Er stellte die Theorie auf, daß Krankheit eine Form von strahlender Energie sei, die durch die E.R.A.-Methode entdeckt werden könne. Und dies war auch der Anfang von dem, was später als »Radionik« bekannt wurde. Das Wort *Radionik* ist von den Worten Radiation (Strahlung) und Elektronik abgeleitet; es ist vielleicht ein etwas merkwürdiges Wort, aber recht anschaulich.

Durch seine Entdeckung beflügelt, begann Abrams eine ganze Reihe von Patienten mit bestimmten Krankheiten zu untersuchen, und er fand heraus, daß für jeden Krankheitszustand bestimmte Zonen mit dumpfem Resonanzton bestimmt werden konnten. Tuberkulose beispielsweise erzeugt einen dumpfen Ton in einem Bereich gerade unterhalb des Nabels. Streptokokken-Infektion liegt links davon, Malaria und Pneumokokken ein ganzes Stück tiefer und links bzw. rechts davon. Abrams kam mit seiner Kartographie der Zonen zur Identifizierung von Krankheiten gut voran, bis er feststellte, daß die Zone für Syphilis genau diejenige für Krebs überlagerte. Dies stellte ihn vor ein Problem, denn er mußte nun einen Weg finden, eine Reaktion von der anderen zu unterscheiden; und außerdem gab es so viele Krankheiten, daß früher oder später auf der menschlichen Bauchdecke einfach zu wenig Platz für genaue Zuordnungen sein würde.

Abrams kam zu dem Schluß, daß die Krankheitsmuster, sollte es sich bei ihnen wirklich um eine Form elektronischer Strahlung handeln, mit einer Art variablen Widerstandsmessers meßbar sein müßten. Er experimentierte daher mit einem Kasten mit einem variablen Widerstandsmesser, der in unserer heutigen Welt der elektronischen Raffinessen als extrem primitiv gelten würde. Aber er funktionierte, und Abrams fand heraus, daß Krebs bei 50 Ohm gemessen werden konnte, während Syphilis erst bei 55 Ohm eine Reaktion ergab. Er hatte damit einen Weg gefunden, Krankheitsreaktionen zu messen und voneinander zu unterscheiden. Dies stellte einen bemerkenswerten Durchbruch dar, und Abrams erstellte einen Atlas der Krankheitszonen und ihrer Widerstände in Ohm, die als »Werte« bekannt wurden. Heute haben alle Krankheitszustände und Organsysteme des Körpers solche Zahlenwerte, die in der praktischen Anwendung der Radionik zu diagnostischen und Behandlungszwecken verwendet werden. Abrams hatte damit einen fundamentalen Beitrag zu dem geleistet, was einmal die Radionik werden sollte. Durch ständiges Experimentieren gelangte Abrams dazu, sein eigenes Instrumentarium zu entwickeln. Den Widerstandsmesser nannte er ein »Biodynamometer«, und diesem fügte er noch einen runden Behälter hinzu, den sogenannten »Dynamisierer«, der die Blutprobe des Patienten enthielt. Abrams klopfte jetzt nicht länger den Bauch eines jeden Patienten ab, sondern benutzte statt dessen den Bauch eines gesunden jungen Mannes, den er seine »Versuchsperson« nannte. Auf diese Weise konnte Abrams eine beliebige Zahl von Patienten überprüfen, ohne daß diese anwesend sein mußten, und das System funktionierte genauso effektiv, als ob sie dabei gewesen wären.

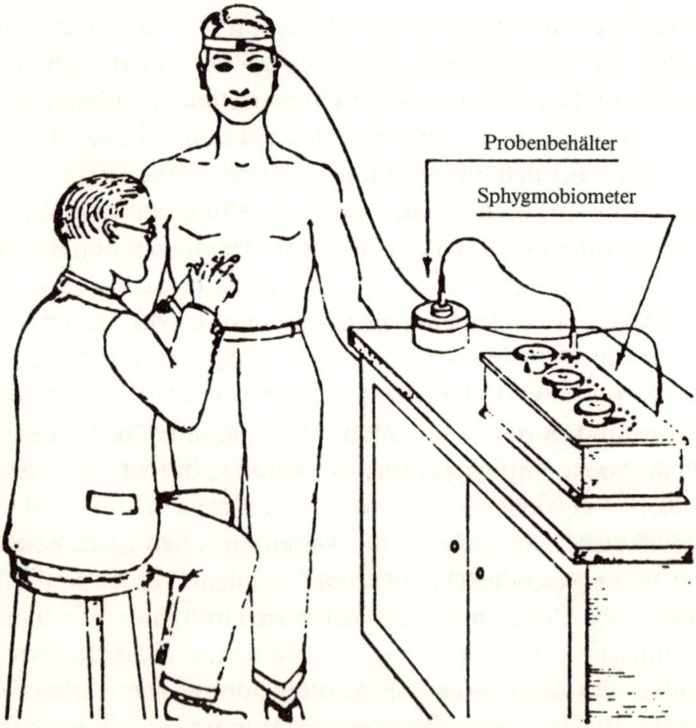

Abb. 1: Der Diagnoseapparat von Abrams, der auf der Bauchdecke einer gesunden männlichen Versuchsperson als Detektor verwendet wurde.

Es bedarf keiner großen Phantasie, um sich die Reaktionen von Abrams' medizinischen Kollegen vorzustellen; sie waren entsetzt, und binnen kürzester Zeit sah er sich zunehmenden Angriffen ausgesetzt, nicht nur seitens seiner Kollegen, sondern von der ganzen wissenschaftlichen Welt. Trotz dieser Angriffe zog Abrams einen beständigen Strom von Ärzten, Chiropraktikern und Osteopathen von überall aus den Vereinigten Staaten und Europa an, die begierig waren, seine revolutionären neuen Techniken zu erlernen. Unter denen, die Abrams' Methode verwendeten, war kein geringerer als der britische Arzt Sir James Barr — er sollte später ein Buch zur Verteidigung von Abrams' Arbeit schreiben; darin begrüßte er sie als *die* medizinische Entdeckung des Jahrhunderts.

Nach dem Biodynamometer, das vor allem für die diagnostische Arbeit gedacht war, wurde ein weiteres Gerät entwickelt, nämlich der Oszilloclast, der zur Behandlung verwendet wurde. Dieses Gerät wurde durch Leitungen mit dem Patienten verbunden und verwendete Stromstöße schwacher elektromagnetischer Energie, die durch die jeweiligen Behandlungswerte modifiziert wurden. Während der Patient eine Stunde und mehr an das Gerät angeschlossen blieb, flossen die Energien von dem Gerät durch seinen Körper und brachten die Elektronen der Atome ins Gleichgewicht. Durch die Anwendung der E.R.A.-Methode wurden auf diese Weise spektakuläre Ergebnisse erzielt. Vielen schien eine völlig neue Ära der Medizin zu beginnen, aber sie sollten, wie auch Abrams, enttäuscht werden. Abrams, der von seinem Forscherdrang getrieben wurde, starb buchstäblich stehend in den Laboratorien, in denen er so hart danach gestrebt hatte, neue Wege zu finden, um die Leiden seiner Mitmenschen zu lindern. In England war der Druck inzwischen so stark geworden, daß die medizinischen Autoritäten gezwungen waren, ein Komitee zu gründen, das die Thesen von Abrams untersuchen sollte.

1924 wurde ein Untersuchungsteam unter der Leitung von Sir Thomas Horder zusammengestellt, und zwischen dem 7. Juni und dem 24. August wurde in Glasgow eine Reihe von 25 Tests durchgeführt. Der Betreffende, der das Gerät, in diesem Fall ein Emanometer von Boyd, bediente, sollte versuchen, Röhrchen mit homöopathischem Sulphur (Schwefel) in einer »10 M«-Potenz von Röhrchen mit neutralem Inhalt zu unterscheiden. Diese Röhrchen wurden eins nach dem anderen in den Stromkreis des Instruments eingeschaltet, ohne daß der Betreffende es sehen konnte. Nach Abschluß der Testreihe stellte das Komitee zu seiner Verblüffung fest, daß der Inhalt jedes Röhrchens in jedem Test korrekt identifiziert worden war. Zuerst versuchte das Komitee, diese Genauigkeit als Zufall abzutun, doch als eine Wahrscheinlichkeit von 1 zu 33 554 432 gegen dieses Ergebnis errechnet wurde, mußten sie widerwillig zugeben, daß die Behauptungen bezüglich Abrams' Gerät und der Wirksamkeit der Technik gerechtfertigt waren.

Obwohl diese strenge Testreihe einem ausgewählten Team von Ärzten und Physikern gezeigt hatte, daß die »Elektronische Reaktion von Abrams« mit einem hohen Grad an Genauigkeit funktionierte, wandte die gesamte Medizin dieser Entdeckung geschlossen den Rücken zu und ignorierte sie in der Hoffnung, daß sie wieder in Vergessenheit geraten würde. Glücklicherweise tat sie das nicht, und mehr und mehr Behandler machten sich diese Methode zunutze. Neue Pioniere tauchten auf und erweiterten die Arbeit durch die Entwicklung verfeinerter Instrumente und wirksamerer Diagnose- und Behandlungstechniken.

Es gab unzählige dieser Pioniere, und die Aufzeichnungen ihrer Forschungen sind größtenteils verlorengegangen oder liegen vergessen in staubigen Speichern oder Kellern irgendwo in Amerika. In den dreißiger Jahren trat Dr. Ruth Drown in Erscheinung, eine Chiropraktikerin in Hollywood, Kalifornien. Sie wurde die führende Kapazität auf dem Gebiet dessen, was damals als Radiotherapie bezeichnet wurde, eine höchst irreführende Bezeichnung besonders angesichts der wachsenden Popularität des Radios, mit dem sie absolut nichts zu tun hatte. Dr. Drown entwickelte ihr eigenes Radionik-Instrument und nannte es Homo-Vibra-Ray, um dadurch anzudeuten, daß es die Energien oder Lebenskraft des menschlichen Körpers in die Diagnose- und Behandlungsvorgänge einbezog. Niemand weiß, wer die Entscheidung traf, die menschliche Versuchsperson in dem Stromkreis durch eine metallene Detektorplatte zu ersetzen, die mit einer Gummimembrane überzogen war, aber dieser Austausch wurde vollzogen, und Dr. Drown verwendete in ihrem Instrument eine solche Detektorplatte. Wo Abrams die Blutprobe des Patienten in den Dynamisierer gegeben und den Bauch des Patienten abgeklopft hatte, bis er eine Reaktion bekam, strich Dr. Drown sanft mit ihren Fingern über die Gummimembrane, bis sich eine Reaktion bemerkbar machte. Diese Reaktion zeigte sich in Form einer starken Anziehung: Der Finger des Behandelnden blieb an der Gummimembrane haften, wenn eine positive Reaktion auf eine Krankheit beim Patienten festgestellt wurde. Ich werde mich an späterer Stelle genauer mit diesem Phänomen beschäftigen und hier noch nicht auf Einzelheiten eingehen, die zum jetzigen Zeitpunkt nur verwirren könnten. Eine von Dr. Drowns ungewöhnlichsten Entdeckungen war, daß von dem Diagnoseinstrument aus fernbehandelt werden konnte. Wie Abrams hatte sie ihre Patienten zur Behandlung an das Instrument angeschlossen. Allerdings verwendete sie im Gegensatz zu ihm keine elektromagnetischen Energien, sondern ließ statt dessen die Lebensenergie des Patienten durch die Widerstandsskalen zirkulieren und, modifiziert durch die auf den Skalen eingestellten Zahlenwerte, in den Körper des Patienten zurückkehren, um dadurch die Krankheit zu heilen.

Dr. Drown argumentierte, daß wir alle in einem großen Energiefeld leben, das den Planeten umgibt, und daß wir durch dieses Feld alle miteinander verbunden sind. Wenn dies der Fall ist, so folgerte sie, dann sollte es möglich sein, wenn man sich der Blutprobe des Patienten als Bindeglied bediente, den Patienten fernzubehandeln. Als sie mit dieser Behandlungsform, die als »senden« bekannt wurde, zu arbeiten begann, erzielte sie sogleich Ergebnisse, die ihre Annahmen unterstützten. Sie war jetzt in der Lage, sowohl Ferndiagnosen zu erstellen wie auch Fernbehandlungen durchzuführen.

Für den Durchschnittsmenschen mag dies weit hergeholt klingen, aber Tatsache ist, daß es funktionierte. Dr. Drown, diese bemerkenswerte Frau, ging noch weiter. Sie erfand eine Radionik-Kamera, die Aufnahmen vom Inneren eines Menschen machen konnte, auch wenn dieser zu dem Zeitpunkt Tausende von Kilometern entfernt war. Ihr erschien das logisch. Schließlich, wenn alles Anteil an einem gemeinsamen Energiefeld hatte, warum sollte man dann nicht auch Aufnahmen aus der Entfernung machen können? Dr. Drown stellte fest, daß der Blutstropfen eines Patienten wie eine Gruppe von Kristallen sei und daß in diesen Kristallen die gesamte Person aufgezeichnet sei. Wenn man die Kamera durch eine Reihe von Werten richtig einstellte und den Blutstropfen in den Stromkreis einbezog, nahm der Film, der übrigens nicht mit Licht in Berührung kam, die durch die Werte ausgewählten Schwingungen des Blutstropfens auf und gab sie als Bild wieder. Wissenschaftlich erscheint dies unmöglich, aber Dr. Drown stellte viele Hunderte von Radionik-Fotos her, und diese Bilder lebenden menschlichen Gewebes sind noch bemerkenswerter durch die Tatsache, daß sie eine überraschende Ähnlichkeit mit modernen elektronenmikroskopischen Fotografien haben.

Während Dr. Drown ihre stark frequentierte Praxis in Hollywood betrieb und auf dem Gebiet der Radionik weiterforschte, begannen in England immer mehr Ärzte, darunter auch Männer wie Dr. Dudley Wright, Dr. Eric Perkins, Dr. Winter Gonin, Dr. Guyon Richards und andere, Radionik-Methoden als Diagnosehilfe heranzuziehen. Von ihnen war es vermutlich Dr. Richards, der durch seine überaus genaue Forschungsarbeit, die in seinem Buch *The Chain of Life* aufgezeichnet ist, den bedeutsamsten Beitrag zur Radionik leistete. Er gründete auch die »Medizinische Gesellschaft zur Erforschung der Radiästhesie« (Medical Society for the Study of Radiesthesia), in der Radionik eine Unterabteilung darstellt. Diese Vereinigung war bis in die siebziger Jahre sehr aktiv und veranstaltete in London viele interessante Vorträge, um dieses Heilverfahren in den medizinischen Kreisen zu fördern.

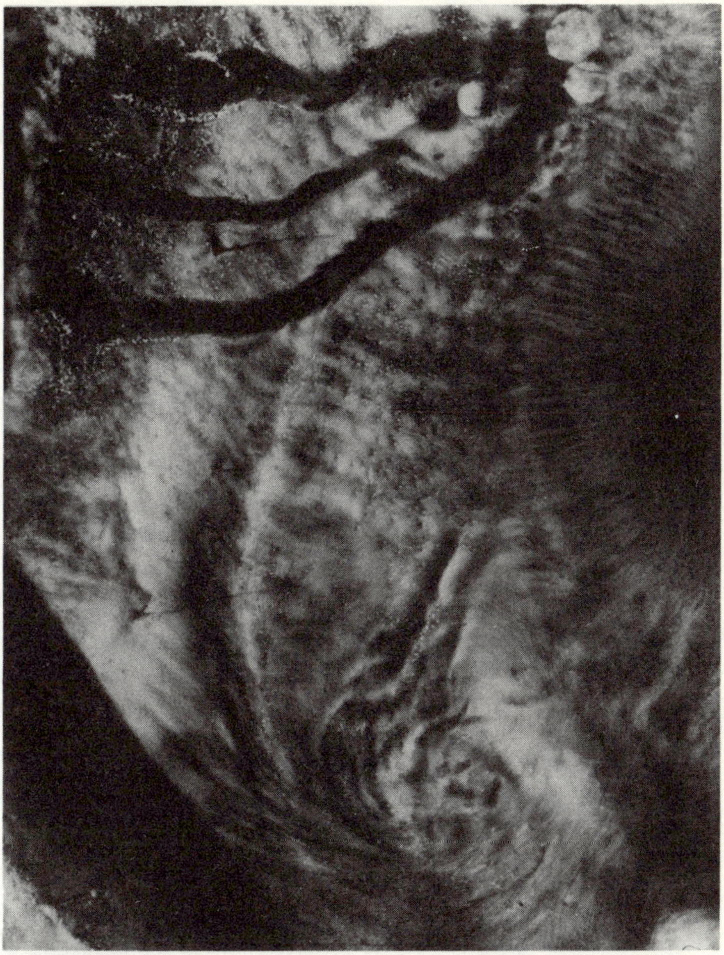

Abb. 2: Radionik-Foto, aufgenommen in den dreißiger Jahren von der Chiropraktikerin Ruth Drown. Es zeigt einen Querschnitt durch ein menschliches Becken. Die dunkle Zone in der linken unteren Ecke ist das Kreuzbein, von der Seite gesehen. Die winzigen weißen Punkte, die das Bild durchziehen, sind Bakterien, und die drei dunklen, röhrenartigen Strukturen sind Blutgefäße.

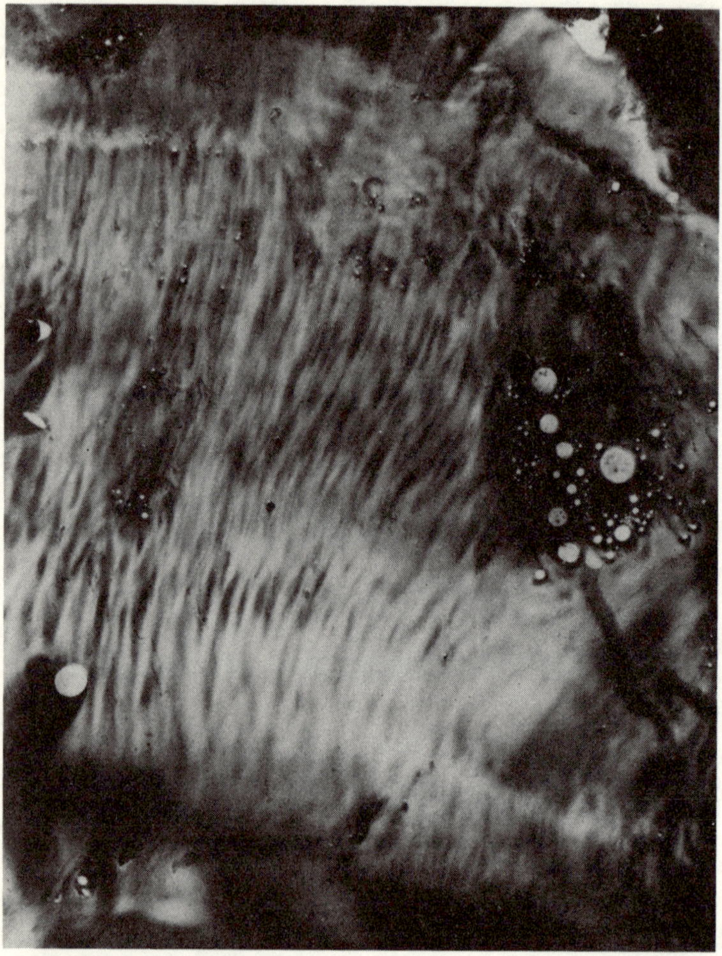

Abb. 3: Radionik-Foto von Ruth Drown. Es zeigt eine Zyste in der Leber eines Patienten. Wo die Kamera Blutgefäße im Querschnitt erfaßt, erscheinen sie als weiße Scheiben.

Während der vierziger Jahre begann sich der Ingenieur George De La Warr ernsthaft mit Radionik zu befassen. Ihn fesselten die Theorien und die Prinzipien der Radionik, und als ein Radionik-Therapeut mit der Bitte an ihn herantrat, Ruth Drowns Instrument nachzubauen, ergriff er diese Gelegenheit sofort, nicht jedoch, ohne sie vorher um Erlaubnis zu fragen. Er befaßte sich mit dem Instrument, begann Verbesserungsmöglichkeiten zu entwickeln und baute schließlich ein verfeinertes Diagnosegerät, das bei Behandlern nicht nur in England, sondern auf der ganzen Welt große Beliebtheit erlangte.

De La Warr verwendete immer mehr Zeit auf die Beschäftigung mit der Radionik, so daß er schließlich seine Stelle als »Chief Engineering Assistant« des Oxfordshire County Council aufgab und sich hauptberuflich der Radionik-Forschung widmete. Schon bald entstanden viele Forschungsprojekte, sowohl in landwirtschaftlichen wie auch in medizinischen Bereichen, und De La Warrs fruchtbarer Geist entwarf neue Arten von Instrumenten. Seine Frau Marjorie baute eine gut besuchte Praxis auf und machte sich als hochsensible Diagnostikerin einen Namen. Sie trug auch alle Werte zusammen und sammelte sie in Büchern, die bei der Radionik-Diagnose und -Behandlung verwendet werden. Ein Großteil des Erfolges der De-La-Warr-Laboratorien ist auf ihre Geschicklichkeit als Heilerin zurückzuführen. Dem Ehepaar De La Warr schlossen sich noch Leonard Corte und der Instrumentenbauer Stevens an; diese vier bildeten das Herz des Unternehmens. Dies war vermutlich die intensivste Periode der Radionik-Forschung, und dank der Anstrengungen des Teams konnte die Radionik in England festen Fuß fassen. Auch heute ist dieses Land unbestritten führend auf dem Gebiet der Heilung mit Radionik, und Ärzte und Angehörige anderer Heilberufe aus der ganzen Welt kommen hierher, um die neuesten Verfahren und Entwicklungen zu studieren. Es ginge weit über den Rahmen dieses Buches hinaus, auf all die Forschungen einzugehen, die das De-La-Warr-Team durchführte, oder die Vielzahl von Instrumenten zu beschreiben, die gebaut wurden, und wie sie eingesetzt wurden, um unser Wissen über Radionik voranzutreiben. Wie Ruth Drown, so entwickelte auch George De La Warr eine Radionik-Kamera, mit der über 12 000 Fotografien von menschlichen Energiefeldern aufgenommen wurden. Viele dieser Fotos waren einmalig; zum Beispiel gab De La Warr die Blutprobe einer schwangeren Frau in die Kamera, die auf eine dreimonatige Schwangerschaft eingestellt war. Ein Film wurde in den lichtdichten Kasten eingeführt und nach 15 Sekunden herausgenommen, entwickelt und ein Abzug gemacht. Das Bild eines drei Monate alten Fötus war sehr klar erkennbar (vgl. Abbildung), und der Vollständigkeit halber sei erwähnt, daß die Frau, von der die Blutprobe stammte,

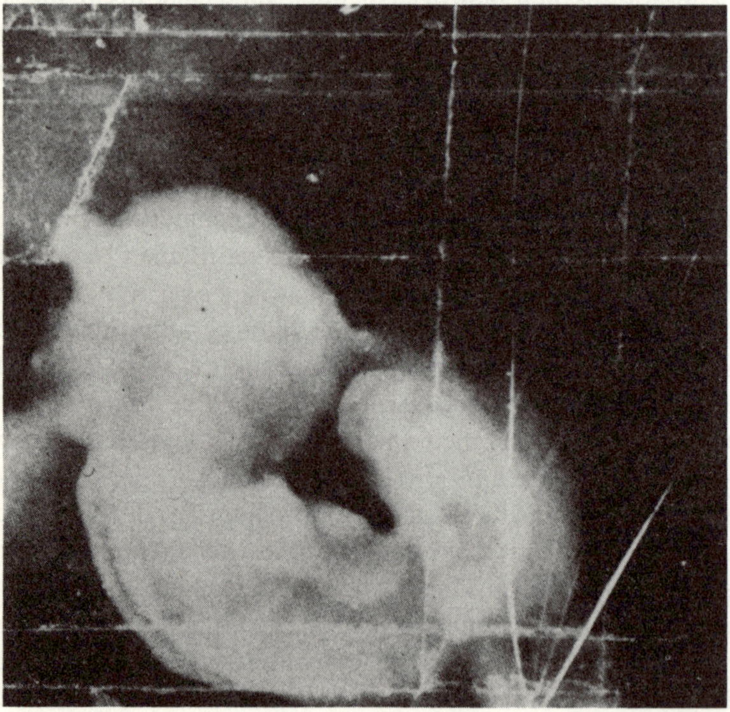

Abb. 4: Radionik-Foto, aufgenommen in den fünfziger Jahren in den De-La-Warr-Laboratorien. Das Bild des drei Monate alten Fötus reflektiert Strahlungsenergien aus der Blutprobe der Mutter, die etwa achtzig Kilometer von der Kamera entfernt war, als das Bild aufgenommen wurde.

etwa achtzig Kilometer von der Kamera entfernt war, als das Foto aufgenommen wurde. Es waren Phänomene dieser Art, die die wissenschaftliche Welt konsternierten, und De La Warrs Anstrengungen, sie für diese Arbeit zu interessieren, führten größtenteils nur zu verstärkter Feindseligkeit. Einem Arzt, der in dem Lehrkrankenhaus, in dem er arbeitete, eine Radionik-Kamera aufgestellt hatte, wurde von der Krankenhausleitung unmißverständlich geraten, diese zu entfernen oder man würde ihn mitsamt der Kamera vom Krankenhausgelände entfernen.

In den sechziger Jahren war die Radionik in Großbritannien bereits gut etabliert, obwohl sie nur von einer relativ kleinen Anzahl von Menschen praktiziert wurde, verglichen mit der Schulmedizin und anderen Heilkünsten. Trotzdem hatte sie eine starke Gefolgschaft von Patienten aus allen Gesellschaftsschichten; warum das so war, wird besser verständlich sein, wenn wir ein bißchen tiefer in das Thema eindringen.

Den Lesern, die sich etwas genauer über die Geschichte der Radionik bis zu diesem Punkt informieren möchten, empfehle ich ganz besonders die beiden ausgezeichneten Bücher von George De La Warr und Langston Day mit den Titeln *New Worlds beyond the Atom* (Neue Welten jenseits des Atoms) und *Matter in the Making* (Materie im Entstehen). Für einen umfassenden und detaillierten Abriß der gesamten Geschichte der Radionik gibt es kein besseres Buch als *Report on Radionics* (Radionik-Bericht) von Edward Russell.

Ich wurde 1967 durch Dr. Aubrey Westlake, den Autor des Buchs *Medizinische Neuorientierung*, das sich mit medizinischer Radiästhesie befaßt, in die Radionik eingeführt. Fasziniert von dem, was ich sah, schloß ich mich schnell der Radionik-Vereinigung an und begann das Thema zu studieren. Meine Ausbildung als Chiropraktiker lieferte mir eine ausgezeichnete Ausgangsbasis während meiner Studien; hinzu kam mein langjähriges Interesse an den Lehren der östlichen Philosophie. Auf den ersten Blick scheint dies eine merkwürdige Verbindung zu sein, doch in der Weisheit des Ostens ist der Mensch schon immer als eine Verbindung sich gegenseitig durchdringender Energiefelder angesehen worden und Krankheit als ein Prozeß der energetischen Unausgewogenheiten innerhalb dieser Felder oder Energiekörper. In der alten Heilkunst der Akupunktur beispielsweise sind dies die grundlegenden Prinzipien, und Krankheit wird als Ungleichgewicht der Lebensenergie oder des »Chi«, wie es in China genannt wird, angesehen. Es gibt einen Energiekörper mit Meridianen, in denen die Lebensenergie fließt, und durch die Behandlung mit Nadeln oder Moxa (Brennen) an bestimmten Punkten wird diese Lebensenergie manipuliert, so daß die Gesundheit wiederhergestellt wird. Radionik ist sowohl aus der Sichtweise der Diagnose wie auch der Behandlung heraus eng mit der Vorstellung einer Lebensenergie verbunden.

Was mir zu Beginn meiner Studien merkwürdig erschien, war, daß Radionik offensichtlich eine Heilform war, die sich mit vielen verschiedenen Arten von Energie befaßte; wenn ich mir jedoch die Literatur zu dem Thema betrachtete und die Methoden, die in der Praxis angewendet wurden, so ging die Tendenz und auch die Terminologie nur in Richtung der Verwendung medizinischer Modelle der Anatomie und Pathologie. Dies schien mir nicht schlüssig zu sein; obwohl ich die Tatsache akzeptierte, daß die Radionik-Diagnose und -Behandlung auch funktionierte, wenn sie auf herkömmlichen medizinischen Modellen basierte, schien es mir doch, daß dieser Ansatz dem wahren Potential der Radionik auch nicht im entferntesten gerecht wurde. Aus dieser Überlegung heraus begann ich, östliches und westliches Wissen vom Menschen als Energie und weniger als Form aufeinander zu beziehen und Konzepte der östlichen feinstofflichen Physiologie und Anatomie in meine Arbeit mit einzubeziehen. Aus diesen frühen Forschungen heraus entstand mein erstes Buch, *Radionics and the Subtle Anatomy of Man* (Radionik und die feinstoffliche Anatomie des Menschen; erscheint 1990 im Synthesis Verlag), das 1972 erschien. In diesem Buch umriß ich ein Modell feinstofflicher Körper, nämlich des ätherischen Körpers (der jetzt auch oft als bioplasmischer Körper bezeichnet wird), des emotionalen

Körpers und des Verstandes- oder geistigen (mentalen) Körpers. Innerhalb dieser Körper gibt es Energiezentren oder Chakren, wie sie in Indien und Tibet genannt werden. Durch diese Energiewirbel fließen bestimmte Energien — zuwenig oder zuviel davon bringt den feinstofflichen Körper aus dem Gleichgewicht und ruft schließlich physische oder psychologische Probleme hervor. Es erschien mir logisch, daß es, wenn Krankheit sich zuerst auf einer feinstofflichen Ebene manifestierte, bevor sie sich physisch niederschlug, im Interesse des Patienten und des Behandlers wäre, wenn sie auf dieser Ebene identifiziert und behandelt werden könnte, bevor sie zu einem richtigen Problem wurde. Auch eine Krankheit, die sich bereits manifestiert hatte, würde schneller abklingen, wenn sie auf der Kausalebene, auf der sie entstanden war, angegangen würde. Diese Annahme hat sich in der Folge als zutreffend erwiesen, nicht nur in der Radionik, sondern auch in den fortgeschritteneren Formen der medizinischen bioelektrischen Diagnose.

Die meisten Therapeuten nahmen das Modell der feinstofflichen Körper und der Chakren bald auf und integrierten es in ihre Praxis, da es ihr Wissen und ihre Fähigkeit erweiterte, die zugrundeliegenden Krankheitsursachen genauestens zu bestimmen und zu behandeln. Wie wir später sehen werden, sind die Zustände der Chakren in physischer wie in psychologischer Hinsicht von überaus großer Bedeutung für unsere Gesundheit. Bei der Darstellung der Radionik-Diagnose werde ich genauer darauf eingehen.

Zwischen 1972 und 1982 schrieb ich drei weitere Bücher zu diesem Thema: *Radionics — Interface with the Ether Fields*, *Dimensions of Radionics* und *Radionics — Science or Magic?*. Diese Bücher geben eine Darstellung meiner Forschungen auf diesem Gebiet während dieses Jahrzehnts, in dem ein wachsendes Interesse an Radionik sowohl bei Laien wie auch bei Angehörigen vieler verschiedener Heilberufe zu beobachten war. Die Bücher enthalten auch Einzelheiten über die hochwichtige Arbeit, die Malcolm Rae auf dem Gebiet der Radionik leistete, den zu kennen und mit dem zu arbeiten ich von Zeit zu Zeit die Ehre hatte. Malcolm Rae selbst entstammte dem völlig andersartigen Hintergrund der Geschäfts- und Handelswelt. Wie bei vielen anderen war es auch bei ihm das Interesse am Ungewöhnlichen, das ihn zur Radionik und zur medizinischen Radiästhesie hinzog. Als Praktiker wie auch als Forscher hatte er eine außergewöhnliche Fähigkeit, Dinge aus vielen verschiedenen Blickwinkeln gleichzeitig zu betrachten. Wie alle Forscher auf diesem Gebiet trachtete auch er danach, neue und verbesserte Instrumente zu entwickeln und die Techniken der Diagnose und Behandlung zu verfeinern. Während der siebziger Jahre brachte sein fruchtbarer Verstand fast jede Woche einen neuen Ansatz oder eine neue Idee hervor. Er integrierte die Analysetechniken der feinstofflichen Anatomie und der Chakren, die ich entwickelt hatte, in seine Arbeit, und ich begann, die von ihm entwickelten neuen Instrumente in meiner Praxis zu verwenden. Aus der Verbindung dieser beiden Ansätze ging das hervor, was heute die grundlegende Basis der modernen Radionik-Techniken bildet.

Abgesehen von den neuen Diagnoseinstrumenten, die Rae entwickelte, und der Festlegung eines neuen Systems von Zahlenwerten auf einer Skala von 0 bis 44 im Gegensatz zu der alten Skala von 0 bis 10, leistete er noch einen herausragenden Beitrag, der in der Folge weltweite Verbreitung fand und von vielen Ärzten verwendet wird, die Homöopathie praktizieren, nämlich den Potenz-Simulator. Dieser kleine und scheinbar einfache Apparat kann, in Verbindung mit bestimmten geometrischen Mustern, simulierte homöopathische Mittel innerhalb des Magnetfeldes der Erde erzeugen. So kann zum Beispiel das Mittel Arnika, das aus der Pflanze gleichen Namens gewonnen wird, mit dem Instrument so genau simuliert werden, daß die Wirkung des Mittels, das in dem Simulator erzeugt wird, die gleiche ist wie bei dem aus der Pflanze gewonnenen Mittel. Dies war ein herausragender Beitrag zur Entwicklung der Radionik, und er wird in dieser Zeit des sich erweiternden Bewußtseins noch an Bedeutung zunehmen.

Es ist klar, daß ich in einem Buch dieses Umfangs nicht die faszinierende Geschichte der Radionik in allen Einzelheiten darstellen kann, doch hoffe ich, daß das, was ich hier umrissen habe, Sie dazu anregen wird, mehr zu diesem Thema zu lesen. Wenn ich mich in den folgenden Kapiteln anderen Aspekten dieser Heilkunst zuwende, wird sich das Bild für Sie zu runden beginnen. Bis jetzt habe ich wenig über Radionik-Instrumente gesagt oder darüber, wie eine Ferndiagnose genau erstellt wird, doch werden wir auch dazu noch kommen.

3
Physische und paraphysische Welten

Um die Radionik wirklich zu verstehen, ist es von fundamentaler Bedeutung, sich klarzumachen, daß alles Energie ist. Nun ist dies eine Behauptung, der Physiker zwar zustimmen würden, jedoch unterscheidet sich die Art und Weise, in der sie diese Behauptung interpretieren, beträchtlich vom vitalistischen Standpunkt. Der Vitalist sieht eine tiefe philosophische Bedeutung in den Worten »alles ist Energie«. Er sieht darin spirituelle Bedeutung und Absicht, denn für ihn ist LEBEN, großgeschrieben, Energie, und je mehr wir dazu übergehen, Dinge unter energetischen Gesichtspunkten zu verstehen, desto näher kommen wir dem Ursprung aller Dinge und aller Lebensformen.

Die Wissenschaft weiß, daß der Mensch ein elektromagnetisches Feld besitzt, das seinen Körper durchdringt und umgibt und das sich von dem elektromagnetischen Feld der Erde, in dem wir und alle anderen Lebensformen leben, unterscheidet. Dieses Feld kann mit empfindlichen Instrumenten gemessen werden, wie zum Beispiel mit einem Vakuumröhren-Voltmeter, und es kann auf verschiedene Weisen beeinflußt werden, um entweder Krankheit zu verursachen, wie etwa durch nukleare Strahlung, oder um die Gesundheit zu verbessern, etwa durch elektrische Reize, wie sie bei gewissen Akupunkturtechniken verwendet werden. Unser elektromagnetisches Feld reagiert mit großer Sensibilität auf die Einwirkungen von Energie durch Umwelteinflüsse und ganz besonders auf die Energie gerichteter Gedanken, wie wir im folgenden sehen werden.

Mitte der dreißiger Jahre stellte Dr. Saxton Burr seine elektrodynamische Lebenstheorie auf. Darin postulierte er, daß alle physischen Formen, seien sie menschlicher, tierischer, pflanzlicher oder mineralischer Natur, durch ihnen zugrundeliegende elektromagnetische Felder zusammengehalten und bestimmt würden. Obwohl diese Felder unsichtbar sind, kann ihre Wirkungsweise anschaulich dargestellt werden, indem man zum Beispiel einen Magneten unter ein Stück Karton legt und Eisenspäne darüberstreut. Durch die Auswirkungen des Magnetfeldes werden die Späne in ein Muster gezogen, das die Kraftlinien des Magnetfeldes beschreibt. Das sogenannte Lebensfeld ist wie eine Backform, die dem Kuchen eine bestimmte Form gibt, und diese Form ist unser physischer Körper, der, obwohl er von allen anderen physischen Formen getrennt ist, in energetischer Hinsicht mit anderen Körpern verbunden ist. Und genau dieses gemeinsamen Energiefeldes bedient sich der Radionik-Therapeut bei seiner Ferndiagnose und Fernbehandlung.

Schwankungen im elektromagnetischen Feld der Erde haben eine direkte Wirkung auf unsere Vitalität, ja auf unsere Gesundheit im allgemeinen. In dem folgenden Auszug aus *Studies of Man in the Life-Field* beschreibt Dr. L. Ravitz, ein Experte auf diesem Gebiet, wie uns magnetische Stürme im Weltraum beeinflussen können. Er schreibt:

> An einem feuchtheißen Juninachmittag kurz vor Neumond vergessen zwei Kellnerinnen, ihre Gäste zu bedienen. Das Büropersonal ist träge und nachlässig. Ältere Menschen klagen über große Mattigkeit. Auf allen Krankenstationen gibt es eine Vielzahl von Neuzugängen, die Geburten- und Sterberaten nehmen stark zu — letztere besonders während der Nachmittagsstunden —, und die Patienten zeigen in deutlich erhöhtem Maße somatische Symptome. Fast die Hälfte der Patienten in der Psychiatrie benötigt verstärkte Überwachung, und drei von ihnen sind selbstmordgefährdet. Einige abstinente Alkoholiker fangen wieder an zu trinken, und Verbrechen nehmen überhand.
>
> Zwei Wochen später sind die Kellnerinnen ihren Gästen gegenüber gereizt und aufbrausend. Ein Großteil des Büropersonals hat das Gefühl, den »toten Punkt« überwunden zu haben. Wieder werden viele Menschen in die Krankenhäuser eingeliefert, doch scheinen die Patienten weniger intensive Symptome zu haben. In der Psychiatrie dreht eine andere Gruppe von Patienten durch, doch

sind keine davon regelrecht suizidgefährdet. Viele Menschen klagen über Schlaflosigkeit oder berichten über ungewöhnlich lebhafte Träume.

Diese Beschreibung von Dr. Ravitz ist natürlich hypothetisch, doch sind dies die Reaktionen, die vorkommen, wenn das elektromagnetische Feld, in dem wir leben, starken Störungen unterworfen ist. Die Medizin hat ausgedehnte Untersuchungen über das elektromagnetische Feld der Erde durchgeführt, und sorgfältige Beobachtungen haben gezeigt, daß es einen Zusammenhang gibt zwischen Strömungen in diesem Feld und der Stärke und Intensität von Viren- und Bakterienepidemien. Kurz, wir sind fest eingeschlossen in ein Lebensfeld, das uns alle verbindet, und man kann beobachten, wie durch dieses Feld Fernwirkungen verursacht werden.

Die Vorstellung, daß allen physischen Formen Energiefelder zugrunde liegen, ist keineswegs neu. Plato schrieb von einem Reich der ewigen Ideen, das die vorherbestimmenden Bilder der physischen Welt enthält. Paracelsus nannte dies den »Archeus«, und die Alchemisten des Mittelalters nannten es »Nous«. In der Philosophie des Ostens wird das zugrundeliegende Energiefeld als »ätherisches Feld« bezeichnet, aus dem alle physischen Formen entstehen. So heißt es in den indischen Lehren, daß der Mensch einen ätherischen Körper besitzt, durch den sein physischer Körper mit Lebenskraft erfüllt und zusammengehalten wird. Den alten Weisen zufolge setzt sich der ätherische Körper aus Kraftströmen zusammen, und in ihm sind Vitalzentren, die durch Kraftlinien miteinander und mit dem Nervensystem des physischen Körpers verbunden sind. Diese Kraftlinien verbinden den Menschen mit dem ätherischen System, das ihn umgibt. Der ätherische Körper wird durch Gedanken vitalisiert und kontrolliert. Was dies im wesentlichen bedeutet, ist, daß wir alle miteinander verbunden sind und daß es auf der ätherischen Ebene und auf der Ebene der Gedanken keine Trennung zwischen den Lebensformen gibt. Diese Vorstellungen bilden die Grundlage für die Fernheilung und natürlich auch für die Biofeedback-Techniken, die jetzt in der holistischen Medizin verwendet werden, in denen der Patient lernt, den Körper durch Gedanken zu kontrollieren, erhöhte Temperaturen zu reduzieren, durch Migräne verursachte Kopfschmerzen zu beseitigen und in vielen Fällen sogar lebensbedrohende Krankheiten aufzuhalten und zu heilen. Die geistigen Kräfte sind, wenn sie auf angemessene Weise eingesetzt werden, überaus mächtig darin, Gesundheit und Harmonie zu schaffen, und es sind diese gut trainierten geistigen Kräfte, die vom Radionik-Therapeuten genützt werden. Wenn wir dies einmal verstanden haben, hat Radionik nichts Geheimnisvolles mehr, und wir beginnen zu verstehen, wie der Therapeut die Gesundheit eines weit entfernten Patienten beeinflussen und bessern kann.

In den frühen siebziger Jahren hatte ich das Privileg, eine Zeitlang mit Marcel Vogel zu arbeiten, dem Chef der chemischen Forschungsabteilung bei IBM in San José, Kalifornien. Ein Teil dieser Arbeit bestand in Experimenten über die Kommunikation zwischen Mensch und Pflanze, durch die gezeigt wurde, wie Pflanzen auf menschliche Gedanken reagieren. Während der Zeit, in der ich mit Marcel Vogel arbeitete, war ich Zeuge einiger bemerkenswerter Demonstrationen davon, welchen Einfluß die Kraft der Gedanken auf lebende Systeme hat. Schon vorher hatte Marcel durch drei Impulse gerichteter Gedanken eine Pflanze über eine Distanz von fast zehntausend Kilometern meßbar beeinflußt. Die Reaktion war auf der ausgedruckten Kurve des Aufzeichnungsgeräts, das zu den verwendeten Instrumenten gehörte, klar abzulesen.

Als Ruth Drown Radionik-Fotos aufnahm, bediente sie sich des ätherischen Feldes der Erde. Ihre Theorie war, daß die vitale, quasi gasförmige Energie, die alles durchdringt, auf eine Weise manipuliert werden könne, die es ermögliche, Bilder auf einem Film zu erzeugen. Ruth Drown machte eine inhaltsschwere Aussage, als sie sagte: »Alles *ist jetzt, hier.* Alles was wir tun müssen, ist, uns darauf einzustimmen.« Wir sind so darauf konditioniert, Dinge im physischen Sinne zu sehen, daß es uns schwerfällt, unsere Art der Wahrnehmung zu verändern. Wenn wir in physischen

Begriffen denken, dann gibt es natürlich einen trennenden Zwischenraum zwischen einer Person und einer anderen, doch auf den höheren Bewußtseinsebenen wird dieser Zwischenraum durch das Denken sofort eliminiert. Auf dieser Ebene kann man sich mit einer Person tatsächlich in Verbindung setzen, indem man an sie denkt. Genau das meinte Ruth Drown mit »alles *ist jetzt, hier* ... «, und das ist auch die Arbeitsbasis der Radionik. Wenn sich der Therapeut geistig auf den Patienten einstellt, wird augenblicklich eine Verbindung zwischen ihnen hergestellt, und durch diese Verbindung hat der Therapeut Zugang zu Informationen, die die Gesundheit des Patienten betreffen. Im folgenden wollen wir uns einmal ansehen, wie dieser Vorgang genutzt werden kann, um eine Radionik-Diagnose zu erstellen. Später werden wir zu dem Thema zurückkehren, wie dieser Vorgang eigentlich funktioniert, und es dann einer etwas genaueren Betrachtung unterziehen.

4
Die Radionik-Analyse

Sicher ist Ihnen aufgefallen, daß es in der Kapitelüberschrift Analyse heißt und nicht Diagnose. Das liegt daran, daß der Radionik-Therapeut lieber das Wort Analyse verwendet, und zwar deshalb, weil eine Analyse des Gesundheitszustandes eines Patienten in Begriffen erstellt wird, die nicht im strikten Sinne medizinisch sind. »Diagnose« ist ein medizinischer Begriff, und ein Arzt erstellt eine Diagnose, indem er die Krankheit benennt, die Sie haben. Ein Radionik-Therapeut dagegen versucht, mit Hilfe einer Reihe verschiedener Kategorien ein eher ganzheitliches Bild Ihres Gesundheitszustandes zu ermitteln, und analysiert auf diese Weise die Zustände der verschiedenen Aspekte Ihres physischen und paraphysischen Körpers. Vor allem aber sucht er nach dem oder den verursachenden Faktoren, die hinter Ihrer Krankheit stecken, denn von diesen hängt es ab, welche Behandlungsweise für Sie als Individuum erforderlich ist.

Manche Menschen lernen die Radionik durch einen Freund oder Verwandten kennen, oder sie lesen ein Buch über dieses Thema und entwickeln auf diese Weise ein Interesse daran. Nehmen wir einmal an, daß Sie an einen Radionik-Therapeuten geschrieben oder ihn angerufen haben, um ihn wegen eines gesundheitlichen Problems um Hilfe zu bitten. Er wird Sie ersuchen, ein Formular über Ihre Fallgeschichte auszufüllen mit Einzelheiten über Ihre medizinische Vergangenheit, Unfälle, Operationen und Krankheiten, ganz besonders Kinderkrankheiten wie Masern, Mumps, Windpocken und so weiter. Er wird Sie auch bitten, alle Medikamente, Aufbaumittel, Drogen etc. aufzuzählen, die Sie genommen haben oder gegenwärtig nehmen. In manchen Fällen wird auch nach Einzelheiten über Krankheiten gefragt, an denen Ihre Eltern und Großeltern gelitten haben. Hinzu kommen noch alle anderen relevanten Angaben sowie Einzelheiten über Ihr gegenwärtiges Problem und seine Symptome.

Das ausgefüllte Formular schicken Sie dann an den Behandelnden zurück, zusammen mit einem Schnipsel von Ihrem Haar, den Sie in einen Umschlag stecken, auf dem Ihr Name steht. Ihr Haarschnipsel wird als »Zeuge« oder »Beweis« bezeichnet und dient als Verbindungsglied zwischen Ihnen und dem Praktiker, während er die Analyse erstellt, oder immer dann, wenn Ihre Fortschritte überprüft werden sollen.

Nachdem er Ihre Angaben erhalten hat, wird der Therapeut Ihre früheren und momentanen gesundheitlichen Probleme studieren, um sich mit Ihrem Gesundheitszustand vertraut zu machen. Genaugenommen ist dies bereits ein Teil des Prozesses, sich über die Entfernung auf Sie einzustimmen. Als nächstes wird ein Analyseformular vorbereitet, auf dem Ihr Name, Ihre Adresse und die genaueren Einzelheiten stehen. Mit diesem Blatt neben sich bereitet der Therapeut dann Ihren »Beweis« vor; dazu wird Ihr Haarschnipsel zwischen zwei klebende Papierscheiben gelegt, die zum Zweck der Identifizierung sorgfältig mit Ihrem Namen versehen werden. Jetzt ist der Therapeut für die Erstellung Ihrer Radionik-Analyse bereit.

Bevor ich im einzelnen auf das Analyse- oder Diagnoseverfahren eingehe, sollten wir einmal das dazu verwendete Instrument genauer betrachten. Genaugenommen gibt es viele verschiedene Bauarten, deshalb möchte ich nur die Grundkomponenten eines normalen Radionik-Instruments in groben Zügen darstellen. Es besteht aus einem Kasten von etwa 20 x 30 cm, der ca. 10 cm tief ist und oben normalerweise von einer Schalttafel aus schwarzem Plexiglas bedeckt ist. In der Regel befinden sich darauf zwölf Skalenscheiben, jeweils vier nebeneinander, von denen die erste mit einer Gradeinteilung von 0 bis 100 versehen ist, die anderen elf von 0 bis 10. Oft gibt es noch eine weitere Skalenscheibe unterhalb oder neben diesen drei Reihen; mit dieser Skala, die so wie die erste eine Gradeinteilung von 0 bis 100 besitzt, werden die Intensität oder die Wirkungsebenen von Krankheiten, Giften und so weiter gemessen. Außerdem gibt es eine Vertiefung, in die während der Analyse Ihr »Beweis« gelegt wird; statt der Vertiefung kann zu diesem Zweck auch eine verchromte Metallscheibe vorhanden sein. Außerdem kann es je nach Ausführung noch einen drehbaren Magneten und schließlich eine Detektorplatte geben. In manchen Geräten ist dies nichts anderes als die bereits erwähnte verchromte Scheibe, in anderen dagegen ein etwas komplizierteres Teil, das von einer straffen Gummimembrane überspannt ist. Unter der Deckplatte des Geräts sind die Skalenscheiben mit Potentiometern von derselben Art verbunden, wie sie auch in Radios verwendet werden. Diese werden meist reihenweise mit der Vertiefung und der Detektorplatte verkabelt, so daß ein Stromkreis geschlossen wird, durch den die Energiestrahlen, die von dem Beweis ausgehen, fließen können.

Abb. 5: Radionik-Diagnoseinstrument Tansley M-L Field Scanner Mk III, das für Ferndiagnose und Fernbehandlung verwendet wird.

Weiter oben erwähnte ich, daß Dr. Abrams numerische Werte für alle Krankheitszustände, Körperorgane, Chemikalien, Giftstoffe und im Grunde für alles andere festgelegt hatte, was für diese Art von Diagnose oder Analyse relevant war. Diese Werte sind im Lauf der Jahre ergänzt, weiterentwickelt und modifiziert worden; sie dienen, kurz gesagt, dazu, Symptome, Krankheiten, Organe und so weiter zu identifizieren und darzustellen. Alle Krankheitskennwerte beginnen mit einer zweistelligen Zahl; so haben z. B. gebrochene Rippen die Kennzahl 907 542. Entsprechend hat die erste Scheibe — die als »Skala« bezeichnet wird — eine Gradeinteilung von 0 bis 100. Will sich der Therapeut der genannten Kennzahl bedienen, um festzustellen, ob gebrochene Rippen vorhanden sind, so stellt er auf der ersten Skalenscheibe die Zahl 90 ein und auf den folgenden Skalen 7, 5, 4 und 2. Will er dagegen die funktionale Integrität eines Körperteils, etwa der Bänder, messen, so läßt er die erste Skala auf 0 und stellt auf den nächsten drei Skalen den Wert 854 ein. Wenn man die Skalen auf diese Weise einstellt, so erhält man eine stabilisierende Frequenz des betreffenden Körperteils oder der betreffenden Krankheit, und der Praktiker wird dadurch in die Lage versetzt, sich auf das Erstellen der Analyse zu konzentrieren.

Bei Ihren Angaben haben Sie auch Ihre derzeitigen Symptome aufgezählt. Der Praktiker wird eines davon auswählen, um darauf die Analyse aufzubauen. Wie macht er das? Damit sind wir an dem Punkt angelangt, an dem ich den Vorgang beschreiben muß, durch den der Behandelnde Krankheitsmuster aus der Ferne ermitteln und identifizieren kann. Es gibt im wesentlichen zwei Methoden; bei der älteren verwendet man die Detektorplatte mit der darübergespannten Gummimembrane. Nachdem der Behandelnde Ihren Beweis in die Vertiefung des Geräts gelegt hat, wobei alle Skalen auf 0 stehen, streicht er über die Membrane und beginnt gleichzeitig, den Magneten langsam kreisen zu lassen; dabei konzentriert er sich darauf, die kritische Position des kreisenden Magneten in Beziehung auf das Magnetfeld der Erde herauszufinden. Seine Finger streichen leicht von rechts nach links über die

Membrane, bis der Magnet in die richtige Position kommt. Wenn seine Finger in einer Anziehung verhaften, weiß der Behandelnde, daß der kreisende Magnet an seiner kritischen Position angelangt ist, was bedeutet, daß er sich in einer Stellung befindet, in der er alle Energien innerhalb des Geräts für die Dauer der Analyse stabilisieren kann. Es gibt auch Anzeichen dafür, daß der Magnet dazu beiträgt, die Energiefelder des Behandelnden während seiner Arbeit zu stabilisieren und dadurch Ermüdungserscheinungen auszugleichen.

Der nächste Schritt ist dann, das gleiche Verfahren auf die Liste mit Ihren Symptomen anzuwenden. Während die Finger der rechten Hand über die Membrane streichen, dient die linke dazu, mit einem Stift der Reihe nach auf jedes Symptom zu zeigen, wobei sich der Behandelnde jedesmal auf die Frage konzentriert: »Ist dies das richtige Symptom, das für die Analyse zu verwenden ist?« Sobald er auf das richtige Symptom zeigt, werden die Finger im Magnetfeld haften bleiben. Der Wert dieses Symptoms wird sogleich auf den Skalen eingestellt. Der Therapeut stellt dann, indem er denselben Vorgang methodisch immer wieder wiederholt, fest, welche Organsysteme mit dem Symptom in Zusammenhang stehen. Diese Organe werden in Untergruppen aufgeteilt oder nach den jeweils betroffenen Organteilen unterteilt. Danach macht der Therapeut die Ursachen für das gestörte Gleichgewicht jedes Organs und seiner Untergruppen ausfindig. Diese Ursachen können von Virusinfektionen oder Bakterien über Gifte und Nahrungsmittelzusätze bis hin zu gestörtem Hormonhaushalt, fehlenden Mineralstoffen oder Resttoxinen reichen, die von Kinderkrankheiten zurückgeblieben sind. Häufig werden auch psychologische Faktoren wie Ärger, Angst oder Sorgen identifiziert, und all dies wird aufgelistet, um daraus eine Analyse Ihres Gesundheitszustands zu erstellen. Nachdem der Behandelnde die Ursachen Ihrer Krankheit festgestellt hat, findet er heraus, welche Therapie angezeigt ist. Wenn Ihr Zustand Aspekte aufweist, die am besten von einem Praktizierenden einer anderen Heildisziplin behandelt werden sollten, wird er Ihnen nahelegen, einen entsprechenden Spezialisten aufzusuchen. Ist dies nicht der Fall, so wird er mit der Radionik-Behandlung beginnen. Damit werde ich mich in einem späteren Kapitel befassen.

Wie erwähnt, gibt es zwei verschiedene Methoden zur Entdeckung von Krankheitsstrahlungen. Die neuere Methode, die heute sehr viel weiter verbreitet ist als die Anziehung der Finger im Magnetfeld, besteht in der Verwendung eines Pendels, das man über einem Beweis schwingen läßt, den man auf die verchromte Metallscheibe oder die Detektorplatte des Geräts gelegt hat. Auch hier arbeitet der Behandelnde nach demselben Prinzip, indem er sich, während das Pendel über dem Beweis hin und her schwingt, auf eine Frage nach der anderen konzentriert. Er stellt beispielsweise die Frage: »Sind bei dem Patienten Masern-Resttoxine festzustellen?« Wenn dies der Fall ist, wird das Pendel anfangen, schnell im Uhrzeigersinn zu kreisen, und dadurch mit »Ja« antworten. Wenn nicht, wird das Pendel weiterhin vor- und zurückschwingen. Im Grunde sucht der Behandelnde nach der Krankheit, wie andere mit dem Pendel oder der Wünschelrute nach Wasser oder verlorenen Gegenständen suchen. Dieses Verfahren kann auch angewendet werden, um herauszufinden, gegen welche Nahrungsmittel wir allergisch sind. Diese Art des Auspendelns einer Krankheit und der richtigen Auswahl homöopathischer Heilmittel wurde in den dreißiger Jahren durch einige französische Mönche bekannt gemacht. Der berühmteste von ihnen war der Abbé Mermet, dessen Buch *Grundlagen und Praxis der Radiästhesie* 1935 erschien. Im selben Jahr erhielten Arbeit und Forschung Mermets und seiner Kollegen auch den väterlichen Segen des Papstes.

Das Vorangegangene liefert ein ungefähres Bild der Radionik-Analysetechnik. Wir können es folgendermaßen zusammenfassen: Der Therapeut stimmt sich geistig auf Sie, den weit entfernten Patienten, ein, wobei ihm das Radionik-Gerät als eine Art Brennglas dient. Es gibt ebenso viele Techniken, wenn nicht mehr, wie es Arten von Geräten gibt. Die Diagnosearbeit der Radionik ist sehr persönlich, und jeder Therapeut, auch wenn er einem all-

Abb. 6: Der »Beweis« des Patienten (Blutstropfen oder Haarschnipsel) wird in ein De-La-Warr-Diagnosegerät eingeführt, während über die Detektorfläche gestrichen wird, um eine Reaktion oder ein »Anhaften« hervorzurufen.

gemeinen Grundmuster folgt, hat seine eigene, ganz persönliche Methode. Der Einfachheit halber will ich im folgenden den Ansatz und das Verfahren umreißen, die ich selbst in der Praxis verwende, dies dann durch eine typische Analyse illustrieren und eine Interpretation des Gefundenen geben.

Als erstes schätze ich auf einer Skala von 0 bis 100 den Vitalitätsindex ein. Ein Wert von 75 ist durchschnittlich, ein Wert von 80 bis 85 ideal. 70 oder weniger weisen auf ein deutliches Ungleichgewicht in dem einen oder anderen Körperteil hin. Als nächstes werden auf der gleichen Skala der Index der physischen und der psychologischen Gesundheit gemessen. Durch den Vergleich dieser beiden Werte gewinnt man Einblick in die Art des Problems, ob es nämlich überwiegend physischer oder psychosomatischer Art ist. So ist zum Beispiel ein Patient, der viele Symptome aufzählt, und der bei einem durchschnittlichen oder überdurchschnittlich guten Index für körperliche Gesundheit einen niedrigen psychologischen Gesundheitsindex aufweist, höchstwahrscheinlich krank aufgrund emotionaler und psychologischer Belastungen. Andererseits würde ein guter psychologischer Gesundheitsindex in Verbindung mit einem schlechten Index der physischen Gesundheit auf eher körperliche Ursachen hinweisen. Diese Zahlen ermöglichen, wie oben beschrieben, eine erste Annäherung an den Zustand des Patienten, und weitere Messungen während der Behandlung und bei Beendigung der Behandlung werden die Fortschritte in Richtung einer Normalisierung der Werte anzeigen.

Der nächste Schritt besteht darin, die funktionale und strukturelle Integrität der Organsysteme des Körpers zu bestimmen und zu messen, um festzustellen, ob sie über- oder unteraktiv sind. Die Skala reicht dabei wieder von 0 bis 100, wobei 0 in diesem Fall die optimale Gesundheit des Organs darstellt und 100 die maximale Abweichung davon. Durch die Messung jedes Organsystems und die Eintragung der Werte in das Analyseformular beginnt sich ein Bild abzuzeichnen, und ich meine das ganz wörtlich, denn der Zustand der Organe bildet ein anschauliches Diagramm auf dem Formular, wobei die Abweichungen vom Normalzustand als graphische Linie erscheinen, die von einem Punkt zum nächsten gezogen wird (vgl. Abbildung 8). Es ist dabei wichtig, sich klarzumachen, daß diese Werte auf dem Energiezustand des betreffenden Organs basieren. Wenn also bei einem Organ ein ganz besonders schlechter Wert angezeigt wird, so bedeutet dies nicht unbedingt, daß dieses Organ im körperlichen Sinne gestört ist. Wenn sich jedoch das Energiefeld eines Organs über lange Zeit in einem stark unausgeglichenen Zustand befunden hat, ist die Wahrscheinlichkeit von Zelldegeneration gegeben.

Nachdem alle Organsysteme gemessen worden sind, wird als nächster Faktor das mögliche Vorhandensein von Toxinen verschiedener Art und Herkunft überprüft. Solche Giftstoffe können in verschiedenen Körperzellen abgelagert sein, und sie können entweder als Resttoxine nach Kinderkrankheiten übriggeblieben oder chemischen Ursprungs sein, wie etwa Insektenvertilgungsmittel, mit denen man bei der Gartenarbeit in Berührung gekommen ist, oder vom Arbeiten unter industriellen Bedingungen stammen. Auch Nahrungsmittelzusätze und Konservierungsstoffe können in unseren Zellen abgelagert sein und Vergiftungen im Darm hervorrufen. Medikamente und Antibiotika können ebenfalls die Zellstrukturen in einer Weise verunreinigen, daß das Organ, in dem sie abgelagert sind, nicht optimal arbeiten kann, solange sie nicht ausgeschieden werden. Es gibt viele verschiedene toxische Einflüsse, denen wir oft unwissentlich ausgesetzt sind; ich werde diese in einem späteren Kapitel genauer behandeln.

Nachdem festgestellt worden ist, ob Toxine vorhanden sind, wird im nächsten Schritt ermittelt, ob irgendwelche Miasmen in die physische oder ätherische Grundsubstanz des Körpers eingebettet sind. Als Miasma bezeichnet man ein energetisches Muster, das uns für bestimmte Krankheiten und Symptome besonders anfällig macht. Der Begriff des Miasmas entstammt der Arbeit von Hahnemann, dem Begründer der homöopathischen Heilkunst. Miasmen können anscheinend sowohl ererbt als auch selbst erworben werden, und es ist durchaus nicht ungewöhnlich, daß man bei einem Patienten beispielsweise ein Tuberkulose-Miasma feststellt und dieser sich, wenn man ihn darauf aufmerksam macht, daran erinnert, daß sich sein Vater diese Krankheit einmal zugezogen hatte oder daß einer seiner Großeltern vor vielen Jahren sogar daran gestorben ist. Es hat den Anschein, daß die Anfälligkeit für bestimmte Krankheiten auf irgendeine Weise genetisch von einer Generation auf die andere übertragen wird und möglicherweise zunächst völlig latent bleibt. Durch eine entsprechende Lebensweise kann diese »Saat« gleichsam keimen und sich schließlich zu einer erkennbaren, klinisch identifizierbaren Krankheit entwickeln. Wenn diese Krankheitsmuster von einer Generation zur nächsten weitergegeben werden können, so ist es ganz offensichtlich von Bedeutung, diese Kausalkette durch angemessene Behandlung zu unterbrechen.

Das, was wir bis jetzt besprochen haben, sind die Messungen, die Ihre Vitalitätsebene bezeichnen und die Hauptwerte Ihrer körperlichen und psychischen Gesundheit angeben. Die Organsysteme sind auf den Grad ihrer strukturellen und funktionalen Unversehrtheit hin überprüft und die Messungen in Ihr Formular eingetragen worden. Das Vorhandensein von Giftstoffen, Toxinen und Miasmen ist sorgfältig ermittelt und ihre Intensität gemessen und aufgezeichnet worden. Von der Identifizierung möglicherweise vorhandener psychologischer Faktoren abgesehen, die verursachend wirksam sein könnten, wäre diese Analyse im Rahmen der Verfahren, wie sie von Therapeuten vor 1972 angewendet wurden, praktisch vollständig. 1972, als ich in *Radionics and the Subtle Anatomy of Man* (Radionik und die feinstoffliche Anatomie des Menschen) den Begriff der Chakren und der subtilen oder feinstofflichen Anatomie einführte, wurden die Weichen für eine neue Analysemethode gestellt, die es den Praktizierenden ermöglichte, tiefere und fundamentalere Ursachen von Krankheit oder gestörter Gesundheit zu bestimmen. Wir werden diese in Kürze näher betrachten.

Das Angenehme an Radionik ist, daß sie auf allen Ebenen funktioniert und daß sie allen Menschen etwas zu bieten hat, die offen genug sind, ihre Prinzipien zu akzeptieren. Auf diese Weise kann eine Radionik-Analyse, die sich mit den Organsystemen und Krankheiten des Körpers befaßt und sich dabei eines im Grunde medizinischen Modells der Anatomie, der Physiologie und der Pathologie bedient, als ein in sich »geschlossenes« System angesehen werden. Viele Menschen können zwar diese Analyseebene akzeptieren, wären jedoch von Begriffen wie Chakren und feinstoffliche Anatomie völlig verwirrt und überfordert. Diese neuen Begriffe zu akzeptieren stellt einen größeren Quantensprung des Bewußtseins dar, als manche Menschen zu vollziehen bereit sind. Es gibt Menschen, die über die philosophischen und esoterischen Ursachen ihres Zustands nichts wissen wollen. Wenn Hans Müller Krampfadern hat, interessiert er sich nicht unbedingt für die feine Unausgeglichenheit in den Chakren, die für seinen Zustand typisch ist. Für ihn ist eine Krampfader eine Krampfader; sie tut weh, und er möchte dieses Problem loswerden, mehr interessiert ihn an der Sache nicht. Es gibt jedoch heute eine Vielzahl von Patienten — und es werden immer mehr —, die tiefer in sich hineinschauen und zu einem umfassenderen Verständnis ihres Gesundheitszustandes kommen möchten. Sie möchten beispielsweise Einblick in die psychologischen und spirituellen Aspekte ihrer Krankheit gewinnen, auch wenn es sich nur um etwas scheinbar so Banales handelt wie um ein chronisch steifes Genick.

Seine Kenntnis der Chakren und der feinstofflichen Anatomie befähigt den Radionik-Therapeuten, diesem Bedürfnis und dieser Forderung zu entsprechen, und im gleichen Maß, wie die Tiefe seines Wissens zunimmt, wächst und erweitert sich auch seine Fähigkeit zu heilen. Einen Patienten zu heilen bedeutet nicht immer, die Symptome zu beseitigen; oft bedeutet es, ihm zu einer anderen Einstellung in bezug auf seinen Zustand zu verhelfen, so daß er aus der Erfahrung lernt, anstatt sich und vielleicht auch den Behandelnden durch das Bekämpfen der Krankheit zu erschöpfen. Wenn Sie ein solcher Patient sind, der ein tieferes Verständnis seines Gesundheitszustandes erlangen will, dann ist es unbedingt erforderlich, daß in Ihrer Radionik-Analyse auch die Chakren berücksichtigt werden. Wie wir bereits gesehen haben, kann man den Begriff der Energiezentren und Energiekörper, die unserer körperlichen Gestalt zugrunde liegen, in praktisch allen philosophischen und religiösen Glaubenssystemen auf der ganzen Welt finden. Vielen von uns ist bekannt, daß die Akupunktur auf einem System von Meridianen und Akupunkturpunkten beruht, die mit elektrischen Geräten gemessen werden können. Die Akupunkturpunkte sind genaugenommen winzige Chakren oder Energiezentren entlang der Meridiane, durch die das »Chi«, die Lebensenergie, fließt. In der tibetischen und indischen Medizin wird diese Lebensenergie »Prana« genannt, und sie fließt durch eine Reihe größerer Energiewirbel, die als Chakren bezeichnet werden, sowie durch viele kleinere Zentren, zu denen auch die Akupunkturpunkte gehören.

Es gibt sieben Hauptchakren, die in dem Energiefeld entlang der zerebrospinalen Achse liegen. Sie sind keineswegs physischer

Natur, obwohl sie in direkter Beziehung zu den verschiedenen Nervengeflechten und ganz besonders zu den endokrinen Drüsen stehen. Jedes Chakra ist für bestimmte Bereiche des physischen Körpers maßgebend, die es mit Hilfe des ätherischen oder bioplasmischen Körpers versorgt und mit Lebenskraft erfüllt. Obwohl es sich hierbei um ein hochkompliziertes System handelt, sind seine grundlegenden Prinzipien doch recht einfach: Den indischen Priester-Ärzten vergangener Zeiten zufolge ist unser Körper in hohem Maß von dem richtigen Fluß verschiedener Energien durch die Chakren zum Nervensystem, zu den endokrinen Drüsen und zu den Körperorganen abhängig. Ist dieser Energiefluß zu stark, ungleichmäßig oder zu schwach, dann können Krankheiten entstehen. Die Priester-Ärzte sagen, wie auch Dr. Abrams, daß Krankheit eher eine Störung des Energiehaushalts und weniger zellulären Ursprungs sei. In Abbildung 7 wird der Zusammenhang zwischen den Chakren, den Drüsen und den Körperorganen verdeutlicht.

Wenn also ein Chakra ungleichmäßig funktioniert und sich der Praktiker nur mit den physischen Körpersystemen befaßt, so ist es klar, daß ihm die zugrundeliegende Ursache der Krankheit entgehen wird. Beispielsweise ist in vielen Fällen von Asthma das Hals-Chakra gestört; wenn diese Störung nicht behandelt wird, dann wird das Asthma bleiben und eine regelmäßige medikamentöse Behandlung der einen oder anderen Art erfordern. Wenn der Therapeut dagegen mit Hilfe der Radionik das Chakra behandelt, um sein Funktionieren zu normalisieren, so ist es nur logisch, daß das Asthma mit viel größerer Wahrscheinlichkeit verschwinden wird. Wenn ein Radionik-Therapeut den Zustand der Chakren analysiert, dann sucht er nach Unteraktivität und nach Überaktivität sowie nach Blockaden, die den Energiefluß durch die Chakren behindern. Ein unteraktives Chakra deutet in der Regel darauf hin, daß der Patient den Energiefluß durch ein Chakra unterdrückt, während ein überaktives Chakra zeigt, daß zuviel Energie durch das Chakra geleitet wird. Um zu verdeutlichen, wie sich dies auf den Menschen auswirkt, wollen wir als Beispiel das

Die sieben Hauptchakren der Wirbelsäule

Chakra	*Drüse*	*Zugeordnete Organe und Systeme*
Scheitel	Zirbeldrüse	Oberer Gehirnabschnitt, rechtes Auge.
Ajna	Hypophyse	Unterer Gehirnabschnitt, linkes Auge, Ohren, Nase, Nervensystem
Hals	Schilddrüse	Bronchien und Stimmwerkzeuge, Lungen, Verdauungstrakt
Herz	Thymusdrüse	Herz, Blut, Vagus, Kreislaufsystem
Solarplexus	Bauchspeicheldrüse	Magen, Leber, Gallenblase, Nervensystem
Sakralwirbel	Keimdrüsen	Fortpflanzungssystem
Basis	Nebennieren	Wirbelsäule, Nieren

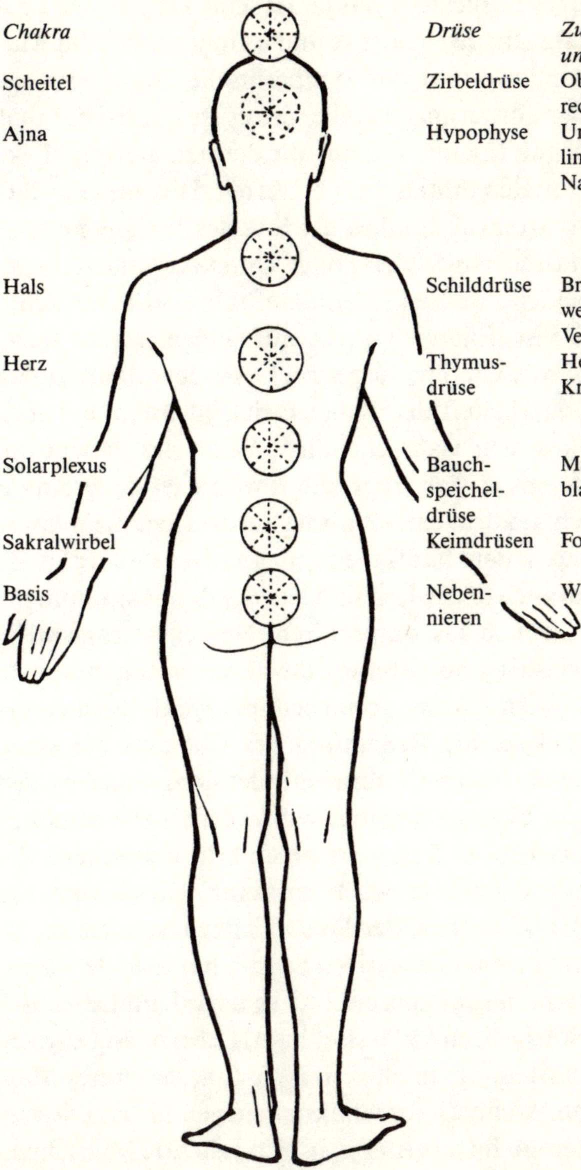

Abb. 7: Die Chakren oder Energiezentren, die die menschliche Form, das Bewußtsein und die emotionalen Zustände bestimmen.

Solarplexus-Chakra betrachten, das eine häufige Ursache von Krankheit ist. Das Solarplexus-Chakra hat seine körperliche Entsprechung in der Bauchspeicheldrüse und ist maßgebend für Magen, Leber, Gallenblase und das sympathische Nervensystem. Abgesehen von der körperlichen Rolle, die es zu spielen hat, hat jedes Chakra auch mit Energien zu tun, die die mentalen, intellektuellen und emotionalen Funktionen betreffen. Dies und die Tatsache, daß das Solarplexus-Chakra der Sitz des Verlangens und des Gefühls ist, lassen seine Über- oder Unteraktivität zu einer starken Störungsquelle werden. Wenn Gefühle und Sehnsüchte unterdrückt und ihre Energien nicht auf angemessene Weise durch das Solarplexus-Chakra ausgedrückt werden, dann ist das Auftreten von Krankheiten der Bauchspeicheldrüse, der Leber und der Gallenblase sehr wahrscheinlich. Wenn der Patient die Veranlagung zu Krebs in sich trägt, dann wird sich die gestaute Energie schließlich in Form eines Tumors ausdrücken. Sehr emotionale Menschen haben häufig ein überaktives Solarplexus-Chakra und leiden auch oft an Krankheiten der damit zusammenhängenden Organe; auch das sympathische Nervensystem wird in hohem Maße überaktiv und kann Probleme verursachen.

Das Ajna- oder Stirn-Chakra vermittelt uns ebenfalls einen interessanten Einblick in die Bedeutung der Chakren bei einer Radionik-Analyse. Das Stirn-Chakra befindet sich, wie schon der Name sagt, im Bereich der Stirn, hat seine körperliche Entsprechung in der Hypophyse und ist bestimmend für die Nebenhöhlen, Zähne, Ohren, Augen und den Hirnstamm. Dieses wichtige Chakra wird auch als Zentrum der Persönlichkeit bezeichnet, so daß ein Mensch mit einem überaktiven Stirn-Chakra in der Regel extravertiert und sehr darauf ausgerichtet sein wird, im Leben Erfolg zu erzielen. Solche Menschen sind häufig übermäßig ehrgeizig und Perfektionisten, die in alles, was sie tun, ein hohes Maß an Energie stecken. Wenn dieses Chakra dagegen unteraktiv ist, handelt es sich eher um introvertierte, in sich gekehrte Menschen, die sich nie wirklich Ausdruck verschaffen. Während erstere eher an Migränekopfschmerzen leiden, haben letztere oft chronische

Nebenhöhlenentzündungen, katarrhalische Zustände und eine verringerte Sehkraft. Die Hypophyse, die sozusagen der Dirigent des endokrinen »Orchesters« ist, ist eine überaus wichtige Drüse und spielt auch beim weiblichen Menstruationszyklus eine wichtige Rolle. Ein gestörtes Gleichgewicht im Stirn-Chakra kann sich oft in Form von Verkrampfungen vor und während der Menstruation auswirken, die auch noch mit Migräne verbunden sind.

Aus dieser kurzen Zusammenfassung wird klar ersichtlich, daß die Chakren für unsere körperliche und geistige Gesundheit eine wichtige Rolle spielen. Indem der Therapeut sie in seine Radionik-Analyse einbezieht, erfaßt er somit tieferliegende Ursachen von Krankheit, die vordem sehr wohl fälschlicherweise mehr körperlichen Faktoren zugeschrieben worden sein können.

Natürlich kann er den Zustand der Chakren nicht analysieren, ohne die feinstofflichen Körper in seine Überlegungen mit einzubeziehen. Ich habe sie bereits weiter oben erwähnt: Es sind der ätherische — oder vitale, bioplasmische — Körper, der der dichteste feinstoffliche ist; dann der emotionale oder Astralkörper, wie er auch genannt wird. Dies ist der Körper, in dem wir die verschiedenen emotionalen Energien erfahren und den Brennpunkt unseres Begehrens und Verlangens haben. Ärger, Furcht, Niedergeschlagenheit oder das Verlangen nach einer neuen Stereoanlage oder einem neuen Auto sind alles Qualitäten der Astralenergie, die diesen Körper durchströmt und ihn zur Handlung treibt. Er ist eng mit dem Solarplexus-Chakra verbunden und ist, wie ich bereits erwähnte, eine stark wirksame Krankheitsursache. Schließlich gibt es noch den Mentalkörper, durch den unsere intellektuellen und kognitiven Prozesse funktionieren. Denken beinhaltet den Gebrauch des Mentalkörpers, und dieser befähigt uns, logische Prozesse auf den Verlauf unseres Lebens anzuwenden.

Wie die Chakren, so sind auch diese Körper Problemen unterworfen, die der Therapeut zu berücksichtigen hat. So kann zum Beispiel jeder dieser Körper blockiert sein. Eine mentale Blockade besteht in halbausgegorenen, unklaren Gedanken, die sich wie ein Haufen Unrat im Mentalkörper auftürmen und klares Denken verhindern. In ähnlicher Weise können unausgedrückte Sehnsüchte und Gefühle den Emotionalkörper trüben, und auf einer mehr physischen Ebene belasten Mangel an körperlicher Bewegung und Sonnenschein oder übermäßiger Genuß von minderwertigen Nahrungsmitteln den ätherischen Körper und verursachen Blockaden. Auch kann jeder dieser Körper überstimuliert werden, was eine Vielzahl von Krankheitszuständen oder Störungen nach sich ziehen kann. Schließlich ist da noch der Zustand, der als Koordinationsmangel bezeichnet wird; dies kann zwischen dem Mental- und dem Emotionalkörper, zwischen dem Emotional- und dem ätherischen Körper oder noch häufiger zwischen dem ätherischen Körper und der physischen Form der Fall sein. Wenn der ätherische Körper nicht in der richtigen Weise in den physischen eingebunden ist, neigt der Mensch in extremen Fällen zu Gebrechlichkeit oder, bei einigermaßen normalem physischen Körper, einfach zu chronischer Müdigkeit.

Sie werden sich inzwischen einen Begriff davon machen können, wie umfassend eine Radionik-Analyse sein kann, und es muß an diesem Punkt offensichtlich geworden sein, auf welche Weise diese Methode wirklich tief unter die oberflächlichen Symptommuster bis zu den Krankheitsursachen vordringen kann, die unweigerlich auf der einen oder anderen Ebene unseres Wesens verborgen liegen. Was ich bis jetzt dargelegt habe — nämlich die Analyse der Organsysteme, der Chakren und der feinstofflichen Körper — ist das, was wohl von den meisten Therapeuten heutzutage in einer Analyse herangezogen wird. Wie bereits erwähnt, muß ich jedoch betonen, daß jeder Radionik-Therapeut seinem eigenen System folgt. Wenn Sie irgendwelche Zweifel haben, wäre es klug, sich zu erkundigen, bevor Sie sich wegen einer Analyse und Behandlung an einen Therapeuten wenden. Es gibt noch tiefgreifendere Aspekte, die ich jedoch später in einem eigenen Kapitel behandeln werde. Jetzt wollen wir uns der Interpretation einer Analyse zuwenden, wie sie Ihnen, dem Patienten, zusammen mit einer Kopie der graphischen Darstellung als Bericht zugeschickt wird.

5
Interpretation einer Radionik-Analyse

Das Interpretieren einer Radionik-Analyse ist eine Kunst, die die intuitiven Fähigkeiten des Therapeuten mit einbeziehen sollte, auf der Basis seines Wissens über die verschiedenen Aspekte der Methode, derer er sich bedient. Wie ich bereits im vorangegangenen Kapitel dargelegt habe, kann dies nach medizinischen Richtlinien geschehen; in diesem Fall werden die Chakren und die feinstofflichen Körper nicht mit einbezogen. Da inzwischen aber die meisten Therapeuten die subtileren Elemente in ihre Analyse mit einbeziehen, werde ich sie in diesem Kapitel mit berücksichtigen.

Die Interpretation erreicht Sie, den Patienten, in Form eines Berichts. Er kann kurz und sachlich und nur einige Zeilen lang sein, oder er kann vier oder fünf Schreibmaschinenseiten umfassen und dadurch mehr als nur ein Bericht sein, nämlich eine Art Beratung über die Art und Weise, in der Sie Energien richtig oder falsch handhaben, und wie sich dies auf Ihre Gesundheit auswirkt. Dies kann einen wichtigen Faktor des Berichts ausmachen, denn Krankheit ist nichts anderes als ein Zuviel oder Zuwenig an Energie in irgendeinem Teil des Körpers. Wenn Ihnen bewußt gemacht werden kann, was eigentlich in unserem Körper vor sich geht, dann können Sie damit beginnen, eine aktivere und konstruktivere Rolle bei der Verbesserung und Aufrechterhaltung Ihrer Gesundheit zu übernehmen. Wir leben in einer »Reparier«-Gesellschaft: Wir bringen unser Auto in die Werkstatt, um es reparieren zu lassen, wir lassen den Fernsehapparat oder die Waschmaschine reparieren. Diese Einstellung wird allzuoft auch auf die

Vitalitätsindex 70
Index der körperlichen Gesundheit 74
Index der geistigen Gesundheit 75
Blockade Ätherisch 50
Überstimulierung Astral 60. Ätherisch 55
Koordinationsmangel Ätherisch 30

Name Hans Müller	*Datum* 15.1.84
Adresse Einsteinstr. 27	
Geburtsdatum 25.1.50	*Ort* München
Symptome Müdigkeit, Verdauungsstörungen, Katarrh.	
Miasmen —	*Toxine* Masern 60

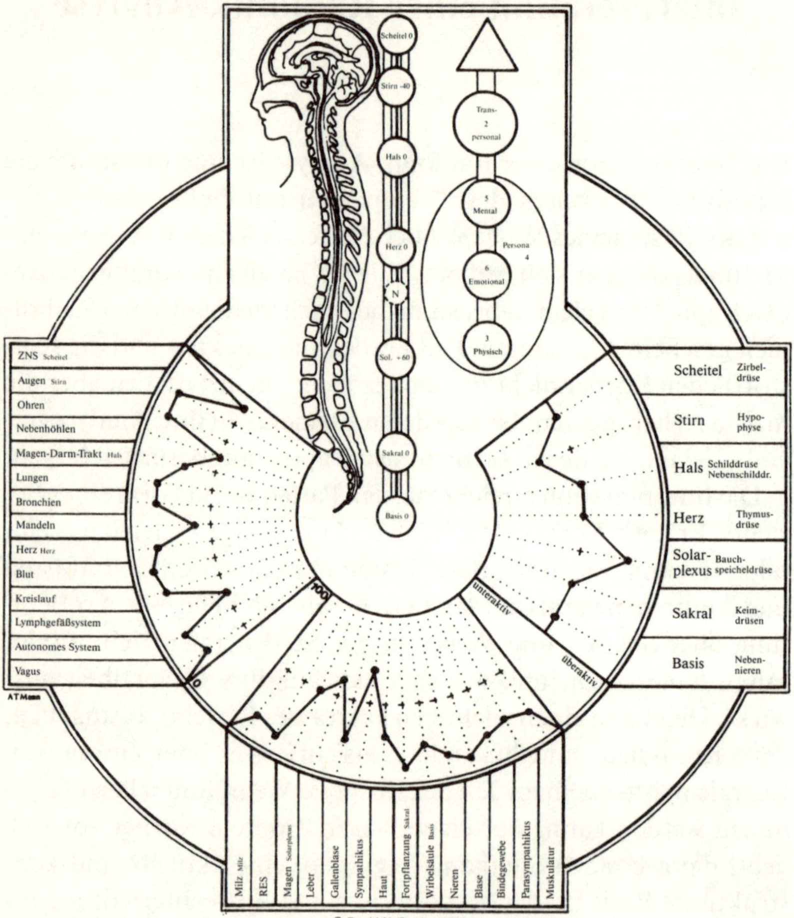

Abb. 8: Ein Radionik-Analyseformular. Es zeigt die Zustände der Organsysteme, der Chakren und der Strahlenenergien, von denen die feinstofflichen Körper abhängen und letztlich auch die körperliche Form.

Gesundheit angewandt — die Menschen gehen mit einer »Reparieren-Sie-mich«-Einstellung zu ihrem Arzt und werden auch so behandelt, indem ihnen ein Medikament verschrieben wird, das sie vielleicht noch kränker macht, als sie schon waren. Ein Radionik-Therapeut erwartet von seinem Patienten in der Regel, daß er bereit ist, etwas über das Wesen der Gesundheit dazuzulernen, und der Analysebericht dient als Basis für die Ratschläge, die er in dieser Hinsicht erteilt.

Die beste Art, dieses Analyseformular zu erklären, dürfte sein, daß ich an den dort genannten Hans Müller als Antwort auf seine Bitte um eine Radionik-Analyse einen Bericht schreibe. Wir wollen annehmen, daß er ein Grundwissen über die Chakren und die feinstoffliche Anatomie hat und daß ihm die Terminologie, die ich verwende, nicht ganz fremd ist.

Sehr geehrter Herr Tansley,
vor kurzem erzählte mir ein Freund von Radionik. Ihm hatte eine Radionik-Behandlung sehr geholfen. Ich möchte Sie nun fragen, ob Sie so freundlich wären, mich als Patienten anzunehmen. Meine Hauptprobleme sind chronische Müdigkeit und Katarrh, gegen die ich alle möglichen Behandlungen ausprobiert habe, jedoch mit wenig Erfolg. Anbei finden Sie meine Fallgeschichte und eine kleine Haarlocke. Ich hoffe, daß Sie mir helfen können, und freue mich darauf, bald von Ihnen zu hören.

Hochachtungsvoll
Hans Müller

Sehr geehrter Herr Müller,
ich danke Ihnen für Ihren Brief, in dem Sie um eine Radionik-Analyse ersuchen, und für die beiliegenden Einzelheiten über Ihre Krankengeschichte und Ihre gegenwärtigen Symptome. Die Analyse ergibt einen Vitalitätsindex von 70. Das ist niedrig, paßt jedoch zu Ihrem Gefühl chronischer Müdigkeit. 75 wäre ein durchschnittlicher Wert, und 80 wäre ideal. Ihre Werte für physische und psychische Gesundheit sind mit 74 bzw. 75 durchschnittlich. Ihr Milz-Chakra funktioniert normal, so daß Ihr ätherischer Körper auf angemessene Weise Prana aufnimmt und verteilt. Es ist also die Art und Weise, wie Sie Ihre Energien einsetzen, die sich als Müdigkeit auswirkt. Dies wird durch das Folgende klarer werden.

Ihr ätherischer Körper ist in ziemlich hohem Maß blockiert, was sich vielleicht auf falsche Ernährung und Mangel an körperlicher Bewegung zurückführen läßt. Ihr Emotionalkörper weist ein hohes Maß an Überstimulierung auf, was darauf hinweist, daß Sie sich in einem etwas angespannten Zustand befinden. Dies spiegelt sich natürlich in Ihrem ätherischen Körper wider und erschöpft zusätzlich Ihre Energie. Kompliziert wird das Problem noch durch einen Mangel an Koordination zwischen Ihrem ätherischen und Ihrem physischen Körper; dies führt immer zu Erschöpfung und verleiht in manchen Fällen mediale Fähigkeiten, etwas, was unter den gegebenen Umständen nicht unterstützt werden sollte. Sie haben einen hohen Grad an Masern-Resttoxinen in Ihrem Zentralnervensystem, oder genauer gesagt in den Hirnhäuten. Dies ist ein weiterer Faktor, der zu Ihrem Erschöpfungszustand beiträgt und der Ihnen auch ein Gefühl der Benommenheit im Kopf und einen Mangel an Klarheit im Denken einbringen kann.

Wenn man sich auf dem Formular Ihre Organsysteme anschaut, so sieht man beim Zentralnervensystem den Wert 50; für diese Reizung ist, wie ich bereits erwähnt habe, das Restgift der Masern verantwortlich, die Sie sich als Kind zugezogen hatten. Die Organsysteme werden übrigens auf einer angenommenen Skala von 0 bis 100 gemessen. 0 steht für die optimale Gesundheit eines Systems und 100 für die maximale Abweichung von diesem Idealzustand. Vergessen Sie bitte nicht, daß es sich hier um Energiewerte handelt, so daß ein stark abweichender Wert nicht unbedingt bedeutet, daß in dem betreffenden Organ tatsächliche physische Veränderungen stattgefunden haben. Viele dieser ungünstigen Werte verändern sich sehr rasch zum Normalen hin, wenn sie behandelt werden; es sind gewöhnlich die hartnäckigeren Werte, die Krankheitsherde bilden. Jeder Wert über 30 zeigt bereits eine bedeutsame Unausgewogenheit an, deshalb sind Ihre wichtigen Werte: Zentralnervensystem 50, Nebenhöhlen 50, Mandeln 40, Lymphgefäße 50, Magen 50, Leber 60 und Sympathikus 70. Die Werte des Zentralnervensystems, der Mandeln und zum Teil auch des Lymphsystems hängen mit den Masern-Resttoxinen zusammen, die eine besondere Affinität zu diesen Systemen haben. Wenn die Masern-Resttoxine im Organismus aktiv werden, was bevorzugt während Streßperioden der Fall ist, und ganz besonders, wenn man in dieser Zeit ein hohes Maß an geistiger Arbeit leisten muß, sind die genannten Systeme am ehesten betroffen.

Um Ihrem Gesundheitsproblem ein bißchen mehr auf den Grund zu kommen, müssen wir die Chakren mit einbeziehen. Von Ihren sieben Haupt-Energiezentren sind zwei nicht im Gleichgewicht. Das erste ist das Stirn-Chakra (–40); dieses Zentrum steht in direktem Zusammenhang mit der Hypophyse, und ihm unterstehen die Nebenhöhlen, Ohren, Augen, Zähne und der untere Gehirnabschnitt. Die Tatsache, daß Ihr Stirn-Chakra unteraktiv ist, weist auf Ihre Neigung hin, Ihre Persönlichkeit zu unterdrücken und sich nie vollständig Ausdruck zu verleihen. Dies führt zu Blockaden, ganz zu schweigen von Frustration, und ist zum Teil für Ihren chronischen Katarrh verantwortlich. Sie blockieren auf dieser Ebene Energien, so daß Sie lernen sollten, sich selbst mehr Ausdruck zu verleihen. Die Blockade wird übrigens auch durch Ihre Augen- und Ohrenwerte von 10 zu einem gewissen Grad widergespiegelt.

Das andere Chakra, das nicht im Gleichgewicht ist, ist das Solarplexus-Chakra, das sich direkt unterhalb des Zwerchfells befindet. Es steht in Zusammenhang mit der Bauchspeicheldrüse, und ihm unterstehen Leber, Gallenblase und Magen. Während seine Überaktivität (+60) nur eine minimale Auswirkung auf Ihre Gallenblase hat, reagieren sowohl Ihre Leber wie auch Ihr Magen negativ auf den Streß, der ihnen auferlegt wird. Ebenso ist auch Ihr ganzes sympathisches Nervensystem gereizt und angespannt aufgrund der übermäßigen Energiemenge, die durch diesen Bereich strömt. Dies weist darauf hin, daß Sie in Ihren Reaktionen auf das Leben und auf Alltagssituationen im allgemeinen viel zu emotional sind. Sie werden eher durch Ihr Gefühl als durch verstandesmäßiges Begreifen geleitet, wodurch Ihr Nervensystem einer starken Belastung ausgesetzt ist, und die Hyperaktivität Ihres Emotionalkörpers erschöpft noch zusätzlich Ihre Vitalität. Vielleicht können Sie sich auch klarmachen, daß der überaktive Aspekt des Verlangens und der Emotionalität in Ihrem Leben in gewisser Weise frustriert ist, da es Ihrer Persönlichkeit oft nicht gelingt, Ideen in die Tat umzusetzen.

Sie müßten lernen, als Individuum mehr aus sich herauszugehen und sich zuerst in kleinen Dingen Ausdruck zu verleihen. Tun Sie dies bewußt und achten Sie auf Ihre Erfolge. Lassen Sie sich auch nie durch Fehlschläge abschrecken, machen Sie weiter. Mit Hilfe der uralten Methode, bis zehn zu zählen, bevor Sie auf eine bestehende Situation reagieren, können Sie Ihren Solarplexus und Ihren Emotionalkörper beruhigen. Betrachten Sie die Dinge logisch und so, wie sie sind, nicht so, wie Sie *fühlen*, daß sie sind. Es handelt sich hier nicht darum, *Gefühle zu unterdrücken*, denn das kann gefährlich sein, sondern sie zu einer höheren Erkenntnisebene zu bringen und *umzuwandeln*.

Sie werden sich sehr viel besser fühlen, sobald Ihr Zentralnervensystem nicht mehr durch die Masern-Resttoxine belastet ist, und da die Behandlung Ihnen dabei hilft, die Aktivitäten des Stirn- und des Solarplexus-Chakras ins Gleichgewicht zu bringen, werden sich auch die ihnen unterstehenden Organsysteme langsam beruhigen. Der unteraktive Wert Ihres Muskelapparats legt nahe, daß körperliche Ertüchtigung nicht verfehlt wäre. Sorgen Sie für eine ausgewogene Ernährung, vermeiden Sie übermäßigen Tee- oder Kaffeegenuß, da ersterer Ihnen Verdauungsstörungen verursachen würde und letzterer die Adrenalinausschüttung anregt und Ihr Nervensystem noch zusätzlich belastet. Ich empfehle Ihnen, Rosmarin aufzukochen und durch ein Sieb in Ihr Badewasser zu gießen; dies wird dazu beitragen, den ätherischen Körper in ein besseres Verhältnis zum physischen zu bringen.

Hochachtungsvoll, D. T.

So also würde ein Bericht aussehen. Es gibt natürlich noch mehr Einzelheiten, die man hinzufügen könnte, doch wie Sie bereits sehen, vermittelt er dem Patienten im allgemeinen einen tieferen Einblick in sein Gesundheitsproblem, als dies ein medizinischer Bericht tun würde; und bis zu einem gewissen Grad gibt er die Verantwortung wieder zurück an den Patienten, indem er darauf hinweist, was dieser hinsichtlich größerer Veränderungen seiner Einstellung und der Verwendung seiner Energie tun müsse. Ich habe ein einfaches Beispiel gewählt, aber es erfordert dennoch einen Patienten mit einiger Selbsterkenntnis, um alle darin enthaltenen Angaben zu verstehen. Natürlich haben nicht alle Patienten dieses tiefere Verständnis esoterischer Dinge; in diesem Fall ist ein einfacher Bericht angezeigt, der das Problem in den vertrauteren medizinischen Begriffen umreißt.

Auf der Analysekarte (Abbildung 8, S. 58) wird Ihnen vielleicht eine Reihe von Kreisen mit einem Dreieck darüber aufgefallen sein sowie einige Zahlen. Die Kreise stellen die feinstofflichen Körper dar und sind entsprechend bezeichnet; das Oval stellt die Persönlichkeit oder die miteinander verbundenen Energien des Mental-, Emotional- und des physischen Körpers dar. Die Zahlen beziehen sich auf spezifische Energiequalitäten, die ganz bestimmte Charakterzüge hervorrufen. Mit diesem Aspekt der Radionik-Analyse werde ich mich in einem eigenen Kapitel befassen, da er eine besonders spezialisierte Analyseform darstellt und nur solchen Patienten von Nutzen ist, die über Hintergrundwissen in diesem Interpretationsbereich verfügen.

Sogar aus diesem kurzen Umriß geht klar hervor, daß eine Radionik-Analyse auf der Suche nach den Ursachen von Krankheit nicht bei den Symptomen stehenbleibt, und diese Ursachen sind es auch, die bei dem Versuch, einen Patienten zu heilen, behandelt werden.

6
Behandlung mit Radionik

Der Begriff »ganzheitlich« wird heute in den Heilberufen derart strapaziert, daß sogar die Schulmedizin Anspruch auf ihn erhebt. Ein ganzheitlicher Ansatz in bezug auf Gesundheit und Heilen beinhaltet, daß die ganze Person als ein komplexer psychosomatischer Organismus angesehen und behandelt wird, der von der Kraft des transpersonalen Selbst oder der Seele durchdrungen ist. Wenn man viele der sogenannten ganzheitlichen Therapien betrachtet, die derzeit in Mode sind, wird einem sofort klar, daß ihr Ansatz von Ganzheitlichkeit darin besteht, mehrere bereits akzeptierte Behandlungsformen, die vor allem körperlich orientiert sind, zusammenzubündeln und das dann ganzheitliches Heilen zu nennen. In Wahrheit ist dies jedoch kein ganzheitlicher Ansatz. Ganzheitlichkeit erfordert nicht nur, daß der Patient als ein spirituell-psycho-somatisches Wesen angesehen wird, sondern daß auch der Therapeut sich seiner eigenen Ganzheitlichkeit bewußt ist. Nur so kann er auf ganzheitliche Weise an den Patienten herangehen. Mit anderen Worten, der Therapeut geht die Probleme seines Patienten in Begriffen der ganzen Person an, sucht nach den inneren Ursachen der Krankheit, nicht nur in allgemein anerkannten akzeptierten Begriffen, sondern in den komplexen energetischen Wechselwirkungen zwischen den verschiedenen Bestandteilen der feinstofflichen Körper mit der physischen Form und in der dynamischen Aktivität der Chakren. Wenn irgendeine Therapieform den Anspruch auf Ganzheitlichkeit erheben kann, dann ist es die Radionik. Wie Sie sehen werden, betrachtet die Radionik jeden Patienten und jedes gesundheitliche Problem als einmalig.

Es sollte inzwischen klar geworden sein, daß die Diagnosemethode von Radionik den konventionellen klinischen Methoden in vielem überlegen ist. Ich habe nicht die Absicht, letztere herabzusetzen, aus dem einfachen Grund, daß jeder Ansatz, der die Praktizierenden dazu befähigt, ihren Patienten zu helfen, seine Berechtigung hat. In einer aufs Körperliche ausgerichteten Gesellschaft sind körperorientierte Methoden erforderlich und angebracht. Es gibt jedoch heute, wie schon gesagt, eine große Zahl von Menschen, die mit den konventionellen Methoden nicht zufrieden sind und die sich die Tatsache zunutze machen, daß eine Radionik-Analyse die körperlichen Ebenen transzendiert, um die verborgenen wirklichen Krankheitsursachen zu ermitteln. Sie sind sich bewußt, daß ein rasch hingekritzeltes Rezept in den meisten Fällen nichts anderes ist als eine Unterdrückungsmaßnahme, die die Ursache ihres Problems unberührt läßt.

Während die körperorientierte Diagnose ganz offensichtlich auch physischen Begrenzungen unterliegt, kann ein Radionik-Diagnosegerät in den Händen eines erfahrenen Radionik-Therapeuten dazu dienen, die ganze innere Landkarte, den ganzen inneren Plan eines Menschen sichtbar zu machen. Dieser Plan bildet die Grundlage für die Behandlung mit Radionik. Dr. Saxton Burr zeigte in seinen medizinischen Untersuchungen des menschlichen Energiefeldes, daß jede Verzerrung dieses Feldes sich schließlich als Störung oder Krankheit manifestieren wird. Die Analysearbeit der Radionik stellt die Art der gestörten und störenden Energien innerhalb der paraphysischen Felder fest und lokalisiert sie, um dann diese Verzerrungen mit den angemessenen »Werten« oder Energiefrequenzen zu behandeln. Ich will hier nicht auf all die technischen Einzelheiten eingehen, die mit einer Radionik-Behandlung zusammenhängen, aber ein allgemeiner Überblick kann gegeben werden, der das klarlegen sollte, was manchen Menschen als ziemlich seltsames oder sogar unerklärliches Verfahren erscheinen muß.

Wie wir gesehen haben, liegen Energiefelder allen Dingen zugrunde und verbinden sie miteinander; selbst entfernte Ereignisse wie solare Magnetstürme wirken sich auf uns hier auf der Erde aus. Es gibt viele Forschungsprojekte, in denen auch die Fernwirkung untersucht wird, doch wird in den Medien kaum darüber berichtet. Wie viele Menschen wissen beispielsweise, daß es eine medizinisch dokumentierte Tatsache ist, daß die Gerinnungszeit des Blutes bei Patienten, die sich einer Operation unterziehen, von den Mondphasen beeinflußt wird? Nur sehr wenige, würde ich meinen. Eines der bekanntesten Ereignisse im Zusammenhang mit Fernwirkung waren die telepathischen Experimente, die der Astronaut Edgar Mitchell während seines historischen Fluges zum Mond durchführte. Seine Enthüllungen der Presse gegenüber bezüglich dieser Experimente entfesselten einen großen Wirbel des Interesses und der Aktivität. Es wurde dann publik, daß in Rußland sehr intensiv im Bereich der Ferneinwirkung und auf damit zusammenhängenden Gebieten experimentiert wurde. So kam es, daß in den späten sechziger Jahren eine neue Ära der Parapsychologie anbrach, die inzwischen immer größere Bedeutung erreicht hat.

Fernwirkung und Ferneinfluß, wie sie in der Behandlung mit Radionik verwendet werden, sind natürlich nichts Neues, sondern bilden seit alters einen wesentlichen Bestandteil des Volkstums und der Volksmedizin. Der berühmte Arzt Paracelsus, dessen Arbeiten auf dem Gebiet der Alchemie der modernen Chemie große Anstöße gaben, glaubte fest an den Begriff der Fernwirkung. Er schrieb:

> Die Sonne kann durch ein Glas hindurchscheinen und Feuer kann durch die Wand eines Ofens hindurch Wärme ausstrahlen, obwohl die Sonne nicht durch das Glas hindurchgeht und das Feuer nicht durch den Ofen hindurchdringt; *auf die gleiche Weise kann der Mensch über die Entfernung hinweg wirken, während er in Ruhe an seinem Platz bleibt.*

Dies ist eine bemerkenswerte Feststellung, doch auch andere Wissenschaftler und Menschen mit außergewöhnlichen intellektuellen Fähigkeiten wie Leibniz, Kant und Sir Isaac Newton haben das

Phänomen der Fernwirkung ernst genommen, und heute werden immer mehr Beweise zusammengetragen, die dessen Existenz belegen. Ich habe mich in meinem Buch *Radionics - Interface with the Ether Fields* eingehender damit auseinandergesetzt und glaube, daß ich die Behandlungsweise der Radionik nicht besser veranschaulichen kann, als indem ich mich auf dieses Material beziehe. In diesem Buch wies ich auf die Arbeit von Backster und Vogel hin, mit der sie nachgewiesen haben, daß Pflanzen und andere Lebensformen eine eindeutige und einfühlsame Reaktion auf das zeigen, was in ihrer Umgebung passiert. Ihre Experimente haben außerdem gezeigt, daß Fernwirkung — die lange den Gravitationskräften der Planeten zugeschrieben worden war — tatsächlich ein Merkmal eines weniger materiellen Energiefeldes ist, das dem ätherischen Körper der Erde und seiner Reaktion auf Gedanken entspricht, wie schon in den alten indischen Veden beschrieben.

Für den Radionik-Therapeuten, der jeden Tag Patienten fernbehandelt und die aufbauenden und heilenden Wirkungen dieser Arbeit kennt, ist Fernwirkung, die in wissenschaftlichen Kreisen so heiß diskutiert wird, ein alltägliches Phänomen. Einem konventionellen und weniger beweglichen Geist scheinen solche Techniken höchst verdächtig zu sein, doch war im 16. und 17. Jahrhundert die sympathetische Heilung von Wunden ein alltägliches Ereignis.

Francis Bacon schrieb in seinem 1672 erschienenen Buch *Sylva Sylvarum*: »Es wird ständig berichtet und verbürgt, daß das Einsalben der Waffe, die die Wunde verursacht hat, die Wunde selbst heilt.« Er beschreibt dann die Herstellung einer Salbe und die verschiedenen Tests, denen dieses Verfahren unterzogen worden ist und die alle zu erweisen scheinen, daß die Heilung nur dann zustande kommt, wenn die Salbe auf die Waffe, nicht auf die Wunde aufgetragen wird, daß die Waffe sich in großer Entfernung befinden kann und daß die Heilung unabhängig davon ist, ob der Patient weiß, daß die Waffe mit der Salbe behandelt wird.

Wir haben hier eine deutliche Parallele zur Behandlung mit Radionik. Bacon gibt an, daß die Heilsalbe auf das Schwert aufgetragen wird, das die Wunde verursachte, und wir können davon ausgehen, daß sich der »Beweis« des Patienten in Form seines Bluts auf der Klinge befindet. So wird das Heilmittel mit einem Teil des Patienten in Verbindung gebracht — mit seinen Blutflecken auf der Klinge. Bei der Behandlung mit Radionik dient das Haar als Beweis demselben Zweck: Es wird den heilenden Schwingungen verschiedener Radionik-Werte ausgesetzt und wirkt so über die Entfernung auf den Patienten ein; wenigstens ist dies die Ansicht, die von vielen Therapeuten vertreten wird.

Sir Kenelm Digby ist berühmt für seine Arbeit auf dem Gebiet der Fernheilung; seine Heilvariante bestand darin, ein Tuch, das mit dem Blut aus der Wunde getränkt war, in eine Lösung des »Sympathie-Pulvers« (ein Spezialpräparat aus Eisensulfat) zu tauchen. Glanville erklärte, daß die Fernheilung von Wunden durch Sir Digby über jeden Zweifel erhaben sei. In Spratts *History of the Royal Society* erwähnt ein Autor, daß die Wirkung, die ein bestimmtes Gift aus Macassar auf Wunden hat, wenn es mit dem Blut aus der Wunde in Berührung gebracht wird, denjenigen nicht seltsam erscheint, die sich mit Sympathiephänomenen befassen. Viele Jahre zuvor war aufgezeichnet worden, daß in Suffolk pflügende Bauern auf ähnliche Weise Gegenstände behandelten, die ihren Pferden Verletzungen verursacht hatten, und so die Tiere über die Entfernung heilten. Wie aber hängt nun all dies mit Radionik zusammen?

Fernheilung ist von einem Energiefeld abhängig, in das sowohl Patient als auch Therapeut eingebettet sind. Jeder von ihnen hat sein eigenes charakteristisches Energiefeld, doch können diese durch einen gedanklichen Akt miteinander verbunden werden. Die Wissenschaft weiß sehr viel darüber, wie Felder sich verhalten und worin ihre Wirkung besteht, aber sie hat noch keine Erklärung dafür, was diese Felder wirklich sind. Die Radionik macht sich die Tatsache zunutze, daß wir alle durch ein unermeßlich großes Energiefeld untrennbar miteinander verbunden sind; Radio und Fernsehen bedienen sich anderer Ebenen desselben Feldes, um Worte, Musik und Bilder zu übertragen. Wir sollten einmal innehalten, um über die Tatsache nachzudenken, daß aus dem anscheinend leeren Raum Ihres Wohnzimmers ein Bild herausgeholt werden kann, das von der anderen Seite der Erde oder sogar aus dem Weltraum gesendet worden ist, ohne daß wir uns noch darüber wundern. Doch sobald Sie behaupten, daß ein Therapeut mittels Radionik-Instrumenten Ferndiagnosen stellen und Fernheilung bewirken kann, werden so gut wie immer Einwände erhoben. Dabei bedient sich der Therapeut lediglich anderer Ebenen desselben Energiefeldes. Die Tatsache, daß sie von der Wissenschaft (die doch inzwischen in diese Richtung gezwungen wird) noch nicht voll anerkannt werden, bedeutet nicht, daß diese Ebenen nicht existieren oder daß sie nicht zu Zwecken der Diagnose und Heilung von Krankheit verwendet werden können.

Was, nach alledem, tut denn nun der Therapeut, wenn er mit Radionik behandelt? Nun, die Behandlung kann unterschiedliche Formen annehmen, und es gibt verschiedene Verfahren und Arten von Behandlungsinstrumenten — manche verwenden geometrische Muster auf Karten, andere dagegen die Radionik-Werte oder Zahlen. Ich werde die Verwendung eines Standardgeräts für Behandlung mit Radionik beschreiben, das aus einem aufrechtstehenden Kasten von etwa 25 cm Länge, 20 cm Höhe und 8 cm Breite besteht (vgl. Abbildung 9). Auf der Frontplatte befinden sich neun bis zwölf Skalenscheiben, von denen die erste mit einer Gradeinteilung von 0 bis 100, die übrigen mit einer Einteilung von 0 bis 10 versehen sind. Auf diesen Skalenscheiben wird eine Reihe von Werten eingestellt, die ich gleich beschreiben werde. Oben auf dem Kasten befindet sich eine runde oder rechteckige verchromte Metallplatte und daneben ein Drehknopf, unter dem ein Magnet innerhalb des Kastens befestigt ist.

Nachdem der Therapeut die Ursachen der Krankheit des Patienten und die mit jeder Ursache zusammenhängenden Organsysteme ermittelt hat, stellt er sie zu einer Liste für die Behandlung

Abb. 9: Ein Radionik-Behandlungsgerät von De La Warr. Zur Fernbehandlung des Patienten werden auf den Skalenscheiben spezielle Werte oder Frequenzen eingestellt. Der »Beweis« des Patienten wird auf die Metallplatte oben auf dem Gerät gelegt, und Blütenessenzen, homöopathische Heilmittel oder Farben können hinzugefügt werden, um die Wirksamkeit der Behandlung noch zu erhöhen.

zusammen. So schreibt er beispielsweise auf die Behandlungskarte:

Staphylokokkus aureus 30.44   Hals 966

Danach kommen noch mehrere andere Paare von Werten, die für die Behandlung herangezogen werden. Jeder dieser Werte steht in der Terminologie der Radionik für eine Schwingung der genannten Faktoren, in diesem Fall einer Bakterie und eines Körperteils. Indem er den Behandlungswert von Staphylokokkus aureus auf den ersten drei Skalenscheiben einstellt und den Ihres Halses auf den folgenden, erzeugt der Therapeut im ersten Fall ein Energiemuster, das die Frequenz der Bakterie stören wird, während die zweite Zahlenreihe, die für Ihren Hals steht, die Richtung angibt, in die diese Wirkung gelenkt werden soll. Dies bewirkt auch eine Kräftigung des Halsgewebes, da es sich eher um einen Erkennungswert als um einen Behandlungswert handelt. Ich hoffe, daß Sie mir soweit folgen konnten, denn das Verfahren ist im Grunde nicht sehr kompliziert.

Nachdem der Therapeut die Werte auf dem Behandlungsgerät eingestellt hat, legt er die Haarschnipsel des Patienten auf die Metallplatte. Dann läßt er den Magneten kreisen, bis er an seiner kritischen Position angekommen ist. Von diesem Augenblick an wird die Staphylokokkeninfektion, die zweifellos eine unangenehme Halsentzündung verursacht hat, durch den Behandlungswert aufgelöst, der nach der Radionik-Theorie den Beweis beeinflußt und damit auch den Patienten fernbehandelt. Nach und nach werden dann diese beiden Zahlenkombinationen durch andere ersetzt, bis ein ganzes Behandlungsmuster eingegeben worden ist, das all die verursachenden Faktoren behandelt, die zuvor durch die Radionik-Analyse identifiziert worden waren. Worin besteht also eine Behandlung durch Radionik im wesentlichen? An anderer Stelle habe ich dies wie folgt definiert:

Eine Radionik-Behandlung ist die Projektion einer Serie kodierter Befehle, die von den verschiedenen Energiefeldern des Patienten in einer Weise aufgenommen und befolgt werden sollen, die es ermöglicht, daß sich im physischen Körper ein Zustand der Harmonie und Gesundheit manifestieren kann.

Der archetypische Plan unseres Körpers ist vollkommen. Krankheit stellt eine Abweichung von diesem Plan dar, die zuerst auf der Ebene des Energiefeldes in Erscheinung tritt und sich schließlich körperlich manifestiert. Durch die Schwingung oder Frequenz des Radionik-Wertes wird der Intelligenz, die diejenigen Körperzellen durchdringt, denen es derzeit an Harmonie mangelt, ein Modell des perfekten archetypischen Musters präsentiert, das sie nicht nur daran erinnert, wie sie funktionieren sollten, sondern sie auch dazu anleitet und sie so auf sanfte Weise zur Gesundheit zurückführt.

Dies mag schwer zu verstehen sein und Ihnen wenig glaubwürdig erscheinen, doch könnten Ihnen Tausende von Radionik-Patienten aus aller Welt versichern, daß es funktioniert. Ich habe viele höchst bemerkenswerte Heilungen erlebt, die auf diese Weise erzielt wurden. Der vielleicht ungewöhnlichste Fall war der einer Hausfrau aus Surrey, die in einem Jahr gleich zweimal mit der akutesten Nebenhöhlenentzündung, die ich je gesehen habe, ins Krankenhaus gekommen war und die gerade wieder ins Krankenhaus sollte, um sich einer dritten Behandlung zu unterziehen. Ihre Reaktion, als ich ihr die Radionik beschrieb, war nicht ungewöhnlich; sie fand, daß es sehr weit hergeholt klang, und ließ den Gedanken daran gleich wieder fallen. Ihre Schmerzen wurden während der Nacht noch unerträglicher, so daß sie sich in ihrer Verzweiflung an den Therapeuten wandte, den ich ihr empfohlen hatte. Per Post erhielt dieser am nächsten Morgen ihren Beweis, und ohne daß sie es wußte, wurde unmittelbar nach der Analyse, die ganz besonders bösartige Bakterien in ihren Ohrtrompeten ergeben hatte, mit ihrer Behandlung begonnen. Gegen Mittag war die Entzündung abgeklungen, und am Abend war von der Nebenhöhlenentzündung keine Spur mehr übriggeblieben. Diese Frau wußte nichts über Radionik, ihre Reaktion auf den Vorschlag einer Behandlung mit Radionik war recht durchschnittlich, und sie wußte auch nicht, daß sie bereits behandelt wurde. Sie wurde in wenigen Stunden geheilt und hatte zwei Jahre lang keinen Rückfall, und auch dann nur nach einem schweren Autounfall im Ausland.

Diesen besonders drastischen Fall habe ich auch in einem meiner anderen Bücher zitiert; ich möchte aber gleich hinzufügen, daß nicht in allen Fällen die Reaktion mit solcher Schnelligkeit eintritt. Es ist jedoch eine Tatsache, daß eine Behandlung mit Radionik auf eine Weise an Krankheit herangehen kann, die konventionelleren Behandlungsmethoden nicht offensteht, und daß auch solchen Menschen geholfen werden kann, bei denen andere Methoden versagt haben.

Das folgende Beispiel veranschaulicht ebenfalls die Wirksamkeit der Analyse und Behandlung mit Radionik in einem Fall, in dem andere Methoden versagt haben. Der betreffende Patient, ein 28jähriger Mann, hatte während der ersten 24 Stunden nach seiner Geburt eine Reihe von Krämpfen und Atemnot. Dies beruhigte sich dann für die nächsten vier Monate, doch als seine Ernährung auf Vollmilch umgestellt wurde, kam es wieder zu Anfällen von Übelkeit, Erbrechen und leichten Krämpfen. Über die Jahre hinweg zeigte er viele und sehr verschiedene Symptome, die mit Lebensmittelallergien zusammenhingen. Im Alter von zehn Jahren zeigten sich bei ihm große blasenbildende Beulen, die von einem Arzt als Windpocken diagnostiziert wurden, was von einem anderen jedoch bestritten wurde. Für seine gesamte Krankengeschichte sind derart widersprüchliche Diagnosen typisch. Später wurde er als Epileptiker klassifiziert und mit nicht weniger als vier Arten von Beruhigungsmitteln behandelt, darunter Valium und Luminal. Eine ganze Serie von EEG-Tests erwies später, daß er kein Epileptiker war. 1977 wog er aufgrund der Nebenwirkungen der Medikamente 86 Kilo, und das bei einer Größe von nur 1,55 Meter und leichter Knochenstruktur. 1979 setzte seine Mutter, die alles daransetzte, seiner Krankheit auf den Grund zu kommen, die Medikamente bis auf Luminal ab und suchte bei einem Allergie-Spezialisten Hilfe. Nachdem eine Reihe von Lebensmitteln identifiziert worden war, auf die er allergisch reagierte, darunter auch Eier und Weizen, begann sich sein Zustand etwas zu bessern, und er nahm ab. Im Februar 1984 suchte der Patient mich wegen einer Radionik-Analyse auf; seine Symptome zu diesem Zeitpunkt waren allergische Reaktionen auf Lebensmittel und extreme Nervosität, die ihn daran hinderte, sich hinauszuwagen oder Leuten zu erlauben, ihn zu berühren. Jedes plötzliche oder unerwartete Geräusch konnte zur Folge haben, daß er auf der Stelle bewußtlos wurde.

Seine Analyse zeigte erwartungsgemäß starke Giftablagerungen der Medikamente und ausgeprägte Unausgeglichenheit im Zentralnervensystem, im Magen-Darm-Trakt, im Magen, in der Leber und in den Nieren. Die Radionik-Behandlung wurde eingeleitet, um die Medikamentengifte zu beseitigen und die verschiedenen Körpersysteme ins Gleichgewicht zu bringen. Im März war er weniger schreckhaft und nervös, und seine Symptome gingen zurück. Im Juni besuchte er ohne negative Wirkungen eine Diskothek, etwas, woran er zwei Monate zuvor nicht einmal hätte denken können. Obwohl er immer noch auf seine Diät achten muß, kann er jetzt ausgehen, ohne befürchten zu müssen, ohnmächtig zu werden, und seine ganze Lebenseinstellung hat sich enorm gebessert.

Ein weiterer Fall betraf einen professionellen und vielbeschäftigten Psychotherapeuten, der nicht nur Patienten behandelte, sondern auch andere Psychologen ausbildete. Er wurde plötzlich sehr krank, litt an extremer Mattigkeit und starken Halsentzündungen in Verbindung mit einem starken Gefühl der Niedergeschlagenheit und Isolation. Seine Radionik-Analyse ergab eine bösartige Infektion, doch war klar, daß er sich zugleich in einer inneren Wachstumskrise befand. Meine Situationsanalyse stimmte mit seiner eigenen Einschätzung überein, und aus dem Zustand seiner Chakren und der Strahlen, die seine feinstofflichen Körper bestimmten, ging klar hervor, daß sich eine Bewußtseinsveränderung bei ihm vollzog. Meine Analyse ermöglichte es ihm, seinen Zustand objektiver zu betrachten. Die Behandlung wurde eingeleitet, um zunächst die Entzündung zu beheben und dann die Chakren und feinstofflichen Körper wieder in einen harmonischen Zustand zu bringen. Schon nach kurzer Zeit fühlte er sich wesentlich besser, setzte jedoch die Behandlung noch über ein weiteres Jahr fort, um den erforderlichen Veränderungen vollständig zum Durchbruch zu verhelfen.

Es ließen sich viele weitere Fälle zitieren, doch die oben genannten vermitteln eine allgemeine Vorstellung davon, wie wirksam die Behandlung mit Radionik sein kann. Auf die Frage, warum Radionik in schwierigen Fällen so wirksam ist, müßte die Antwort lauten, daß der Behandelnde immer nach den Ursachen sucht und, wenn er sie identifiziert hat, diese behandelt, und nicht die Symptome.

7
Energetische Heilmittel

Radionik-Therapeuten bedienen sich zur Fernheilung bestimmter Zahlenwerte, doch ist ihr Repertoire nicht auf diese Methode beschränkt. Viele verwenden homöopathische Heilmittel, die aus Pflanzen, Mineralien und verschiedenen anderen Substanzen gewonnen werden. Diese Heilmittel, die stark verdünnt sind und so verschüttelt werden, daß die Muster ihrer Energiefelder freigesetzt werden, passen sehr gut zur Behandlung mit Radionik. Manche Therapeuten verordnen ihren Patienten solche Mittel zur Einnahme, andere fügen einfach der Werteprojektion ein Fläschchen des erforderlichen Heilmittels in flüssiger oder in Tablettenform hinzu, indem sie es neben den »Beweis« des Patienten auf die Chromplatte stellen. Auf diese Weise wird die Schwingungsform oder Frequenz der Medizin zusammen mit den Werten für die Krankheit und die Organsysteme auf den Patienten »projiziert« oder »gesendet«.

Zu Beginn dieses Jahrhunderts fand Abrams im Verlauf seiner Forschungen heraus, daß die Werte für Malaria identisch sind mit denen des Chinins, des Medikaments, das so erfolgreich bei der Behandlung dieser Krankheit eingesetzt wird. Diese Entdeckung stimmte in der Tat mit dem homöopathischen Prinzip, »Gleiches mit Gleichem zu behandeln«, überein, so daß man verstehen kann, weshalb Radionik-Therapeuten sich zur Homöopathie hingezogen fühlten und warum viele Homöopathen der Radionik aufgeschlossen gegenüberstehen.

In einer Radionik-Analyse gibt es unweigerlich Aspekte, bei denen mentale und emotionale Faktoren eine Rolle spielen. Wir sind psychosomatische Wesen, und deshalb müssen auch Probleme auftauchen, die psychischer Art sind. Natürlich gibt es für diese verschiedenen Zustände Werte, und diese werden erfolgreich mit Hilfe der Behandlungsgeräte verwendet. Doch verwenden die meisten Praktiker außerdem die Bach-Blütenessenzen, die dazu beitragen, diese Zustände auf den inneren Ebenen, auf denen sie entstehen, zu heilen; mit anderen Worten, die Blütenessenzen sind auch energetische Heilmittel und erfreuen sich großer Beliebtheit, weil sie auch von Laien benutzt werden können, um sich selbst oder ihre Freunde und Haustiere zu heilen.

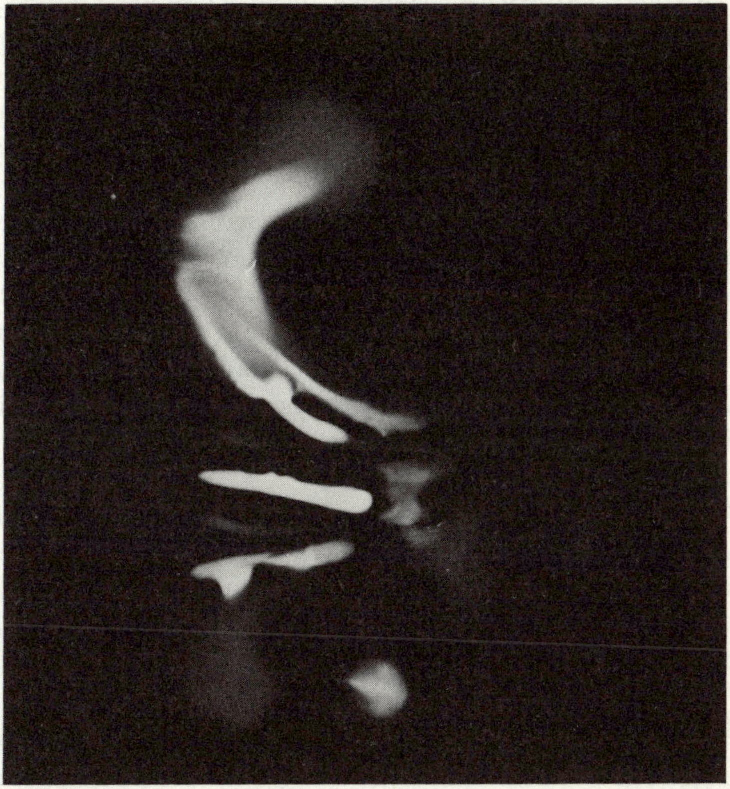

Abb. 10: Radionik-Foto der Bach-Blütenessenz Geißblatt (engl. Honeysuckle) von De La Warr. Dieses Bild der Pflanze wurde aus den Strahlungen gewonnen, die von einer Flasche mit dem flüssigen Heilmittel ausgingen.

Dr. Edward Bach war ein Spezialist aus der berühmten Londoner Harley Street, der sich nach vielen Jahren der Praxis von den konventionellen Methoden entfernte und mit Pflanzenheilmitteln zu arbeiten begann. In den dreißiger Jahren zog er sich ganz aus der Praxis zurück und lebte auf dem Land, wo er mit verschiedenen Verfahren der Herstellung von Blütenessenzen zu experimentieren begann. Die Blüten wurden von verschiedenen Pflanzen und Bäumen gepflückt und dann auf zweierlei Methoden zu Heilmitteln verarbeitet. Entweder kochte Dr. Bach sie in Wasser, um ihre Essenz zu gewinnen, oder er ließ die Blüten in einer Kristallschale voll Quellwasser schwimmen, die in der Sonne stand. Den so gewonnenen Lösungen wurde zur Konservierung Alkohol hinzugefügt. Zu seinen Heilmitteln zählten Mimulus (Gefleckte Gauklerblume), Vervain (Eisenkraut), Sweet Chestnut (Eß- oder Edelkastanie), Rock Rose (Gemeines Sonnenröschen), Water Violet (Sumpfwasserfeder), Heather (Schottisches Heidekraut) und viele andere Pflanzen; insgesamt gibt es 38 solche Heilmittel, von denen eins Rock Water (Quellwasser) ist. Niemand weiß, warum er sich entschloß, auch dieses Mittel zu verwenden, das nicht aus einer Pflanze gewonnen wurde, doch in seinem Repertoire wird Rock Water bei Selbstunterdrückung, Selbstverleugnung und Neigung zum Märtyrertum verwendet. Im Grunde ist es ein Heilmittel, das dazu beiträgt, starre Geisteshaltungen zu überwinden.

Alle Blütenessenzen sind für emotionale und mentale Zustände bestimmt, und Bach erwarb sich seine Kenntnisse der speziellen Mittelwirkung durch Selbstversuche. Berichten zufolge war er so sensitiv, daß er eine Blüte nur auf seine Zunge zu legen brauchte, um nach kurzer Zeit genau die Geisteszustände an sich zu erfahren, die diese Blüte heilen würde. So fand er heraus, daß Mimulus gegen Angst oder Furcht vor bestimmten Dingen half, etwa bei Angst vor Dunkelheit, Angst vor dem Altwerden oder vor Krankheit und dem Tod. Sweet Chestnut diente dazu, extreme seelische Qualen, Hoffnungslosigkeit und Verzweiflung zu heilen, und Elm (Ulme) erwies sich bei Gefühlen der eigenen Unzulänglichkeit, bei Mutlosigkeit und Erschöpfung durch zu starkes Streben nach Vollkommenheit als nützlich. Dadurch ist gerade dieses Mittel für die Menschen geeignet, die ein überaktives Stirn-Chakra haben.

Die Bachschen Blütenessenzen sind energetische Heilmittel und bieten sich daher für die Verwendung in der Radionik-Therapie an. In den Vereinigten Staaten ist dieser Ansatz um viele dort heimische Pflanzenarten erweitert worden, wie zum Beispiel um Kalifornischen Mohn, der innere Entwicklung, intuitive und kreative Fähigkeiten ins Gleichgewicht bringen und den »blendenden Glanz« und die Überfaszination des Spirituellen überwinden soll.

Dank Bachs bahnbrechender Arbeit sind jetzt viele solcher erstklassiger Blütenessenzen erhältlich. Er war zu Recht der Überzeugung, daß der physische Organismus viel bessere Genesungschancen hat, wenn durch die Verwendung der Blütenessenzen die Ängste und Spannungen, denen die Menschen ausgesetzt sind, zerstreut werden. Es dürfte klar sein, daß diese Heilmittel auf den Emotional- und Mentalkörper einwirken; dadurch bringen sie die betreffenden Energiefelder ins Gleichgewicht und erleichtern dem physischen und dem ätherischen Körper die Genesung.

Eine andere Art von energetischen Heilmitteln wird aus Edelsteinen hergestellt. Dazu werden die Steine über längere Zeiträume in Fläschchen mit Alkohol gelegt, die meist in einem dunklen Behälter aufbewahrt werden, bis die Schwingungen oder Frequenzen des Steins von der Flüssigkeit absorbiert worden sind. Edelsteine sind schon seit vielen Jahrhunderten mit guten Erfolgen zu Heilzwecken verwendet worden. Rubin hat sich bei Kreislaufproblemen, Anämie, körperlichen Erschöpfungszuständen, gewöhnlichen Erkältungen und Kollapszuständen als heilkräftig erwiesen. Perlen sind wirksam bei Gicht und rheumatischen Erkrankungen, Asthma, Beschwerden des Klimakteriums und Entzündungen. Manche Ärzte berichten, daß sie auch bei der Behandlung von grauem Star hilfreich sind, bei dem das Auge in einen Zustand kommt, der fast den Ablagerungen einer Perle gleicht. Koralle ist ebenfalls ein weitverbreitetes Edelsteinheilmittel, und zwar für die Behandlung von Magenleiden, Lebererkrankungen, Diabetes und nervösen Erschöpfungszuständen.

In Indien, wo Edelsteine in homöopathischen Krankenhäusern allgemein verwendet werden, wird oft jedem Edelsteinheilmittel eine Farbe zugeschrieben, die nicht unbedingt mit der Farbe des Steins selbst übereinstimmt. Diese Farbe wird manchmal dazu verwendet, dem Arzt bei der Entscheidung zu helfen, welches oder welche Heilmittel er verordnen solle. Überprüft wird das, was man dort den »Farbhunger« nennt; das heißt, der Patient wird durch ein Prisma oder mittels eines Pendels daraufhin überprüft, ob es ihm an einer bestimmten Farbe mangelt. Stellt sich dabei beispielsweise ein Mangel an Orange und Indigoblau heraus, werden Perlen- und Diamantheilmittel verordnet.

Farbbehandlung hat in der Radionik stets eine wichtige Rolle gespielt, und die De-La-Warr-Laboratorien konstruierten ein wunderbares Instrument, das als Colorskop bezeichnet wurde und zur direkten oder Fernbehandlung mit Farben verwendet werden konnte. Experimente, die über eine Entfernung von viereinhalbtausend Kilometern durchgeführt wurden, zeigten überzeugend, daß eine Versuchsperson, die in den Laboratorien in Oxford an elektronische Aufzeichnungsgeräte angeschlossen war, eine klare Reaktion zeigte, wenn ihr »Beweis« in New York farbbestrahlt wurde.

1878 erschien in Amerika ein Buch von Dr. Edwin Babbitt mit dem Titel *The Principles of Light and Colour*. Babbitt hatte etwas vom Mystiker, Wissenschaftler, Künstler und Arzt. Er war zu seiner Zeit berühmt für die bemerkenswerten Heilerfolge, die er durch Farbbehandlungen erzielte. Er verwendete Blau für Gelbsucht, Rheumatismus, Kopfschmerzen und Katarrhe. Rot diente dazu, den Blutkreislauf in den Arterien anzuregen. Gelb stimulierte das Nervensystem, und zufällig war dies auch die Farbe, die De La Warr in seinen Transatlantik-Experimenten verwendete. Eine Verbindung von Gelb und Orange erwies sich laut Babbitt als hilfreich bei der Behandlung von Bronchitis, Erschöpfung und Lungengeschwüren.

Geräte zur Farbbehandlung bilden einen Bestandteil der Ausrüstung jedes Radionik-Therapeuten, da sie mühelos und auf harmonische Weise die feinstofflichen Körper und Chakren beeinflussen. Farbe ist, genau wie die Blütenessenzen, ein energetisches Heilmittel mit starker Heilwirkung. Dies sind nur einige der zusätzlichen Faktoren, die jeder Radionik-Therapeut verwendet, um durch Beseitigung der zugrundeliegenden Ursachen der jeweiligen Störung, seien sie physischer oder psychischer Natur, eine Heilung zu erzielen.

8
Gifte in unserer Umwelt

Bis vor sehr kurzer Zeit beachtete die Medizin die Auswirkungen von Umweltgiften auf den Menschen kaum. Jetzt gibt es eine wachsende Zahl von Ärzten, die sich mit der Ökologie des Menschen befassen und die verheerenden Wirkungen erkennen, die manche Umweltgifte auf die Gesundheit haben können. Radionik-Therapeuten haben der Untersuchung jedes Patienten auf gesundheitsschädliche Umweltgifte stets große Bedeutung beigemessen; sie sind daher mit diesem Aspekt der Diagnose wohlvertraut.

Von Zeit zu Zeit wird die Öffentlichkeit durch die Medien auf das Schadstoffproblem aufmerksam gemacht. Zunehmende Mengen von Blei in der Atmosphäre durch die Autoabgase haben einige Regierungen dazu veranlaßt, die Verwendung von Blei im Benzin einzuschränken oder zu verbieten; andere Länder hinken noch hinterher. Blei lagert sich in der Leber, dem Gehirn, den Nieren, im Herzen, der Lunge, den Nebennieren und dem Thymus ab und kann Übelkeit, Schmerzen, Zittern, Muskelschwäche, Kopfschmerzen, Schlaflosigkeit, geistige Verwirrung und Entwicklungshemmungen verursachen, um nur einige Symptome zu nennen. Wenn Sie in einer belebten Stadt leben oder arbeiten, ist die Wahrscheinlichkeit sehr groß, daß dieses giftige Metall bis zu einem gewissen Grad auch in Ihrem Körper enthalten ist. Ebenso naheliegend, wenn auch vielleicht nicht so offensichtlich, ist die Aluminiumvergiftung. Das Kochen in Aluminiumtöpfen führt unweigerlich dazu, daß Sie dieses Gift in Ihren Körper aufnehmen. Viele Wissenschaftler sind sich dieser Gefahr bewußt, und nach dem Zweiten Weltkrieg wurde eine Initiative eingeleitet mit dem Ziel, das Aluminium aus der Herstellung von Kochgeschirr zu verbannen. Sie blieb jedoch ohne Erfolg, da die wirtschaftlichen Interessen stärker waren; deshalb sind heute die Geschäfte voll mit Aluminiumtöpfen, und in manchen Ländern wird selbst in den Krankenhausküchen für Patienten und Personal in Aluminiumgeschirr gekocht. In vielen Aspirintabletten, Deodorants und Mitteln gegen Magensäure ist Aluminium enthalten, so daß es nicht schwierig ist, sich damit zu vergiften. Manche Menschen scheinen dieses Gift aufnehmen zu können, ohne Symptome zu zeigen; andere, die empfindlich darauf reagieren, haben meist Verdauungsprobleme, die sehr ausgeprägt werden und sogar in Dickdarmentzündungen oder Kolitis enden können. Aluminium ist ein Gift, das sich in den Zellen ablagert und Lähmungen der motorischen Nerven, Verstopfung, Hautkrankheiten, Übelkeit und Verfettung von Leber und Nieren verursacht.

Zahllos sind die Patienten, bei denen ich Aluminiumgiftstoffe festgestellt habe und die auf die angemessene Behandlung angesprochen haben, zu der unter anderem gehört, daß sie sich Töpfe und Pfannen aus Edelstahl besorgen und es vermeiden, mit Aluminiumgeschirr zu kochen. Ihre Gesundheit verändert sich schnell zum Besseren, und Symptome, unter denen sie jahrelang gelitten haben, verschwinden oft in wenigen Tagen. Ein anderes Nebenprodukt der Aluminiumindustrie ist Fluor, dessen giftige Wirkungen bestens belegt sind; dennoch wird es den Menschen oft durch die Wasserversorgung als eine Art medikamentöse Behandlung aufgezwungen. Fluor scheint die Denkfähigkeit zu trüben, und als Giftablagerung kann es Gelenkschmerzen verursachen und die Zähne, die es angeblich härtet und erhält, letztlich fleckig machen.

Quecksilber-Amalgamfüllungen in den Zähnen können sich für Menschen, die gegen diese Substanzen empfindlich sind, als höchst giftig erweisen. Die toxischen Eigenschaften des Quecksilbers sind wohlbekannt; früher wurde es einmal in der Hutindustrie verwendet, und die Hutmacher litten oft an Zittern und allen möglichen seltsamen Symptomen. Diese waren so ausgeprägt, daß man in England sogar heute noch die Redewendung »verrückt wie ein Hutmacher« im Sinne von »völlig übergeschnappt« gebraucht. Quecksilberverseuchte Fische, die vor der japanischen Küste gefangen wurden, waren für den Tod einer beträchtlichen Anzahl von Menschen und Tieren verantwortlich, die diese schadstoffbelasteten Meerestiere aßen. In den Vereinigten Staaten, Schweden und der Bundesrepublik werden die toxischen Auswirkungen der Amalgam-Zahnfüllungen jetzt in den Medien diskutiert, und die Forschung hat gezeigt, daß, seit diese Füllungen im vorigen Jahrhundert in Gebrauch kamen, eine Reihe schwerer und oft tödlicher Arten von Krankheiten, die zuvor nicht verzeichnet worden waren, aufgetreten sind. Das Amalgam, als Zahnfüllung verwendet, erzeugt im Mund galvanische Strömungen, die die Mundschleimhäute angreifen können, und Ionen der giftigen Metalle werden durch die sogenannte *pathologische Iontophorese* im Körper verteilt.

Viele Menschen werden von diesen Giften scheinbar nicht angegriffen; ich sage scheinbar, weil die Langzeitwirkungen meist übersehen werden. Aber Menschen, die gegen Quecksilber empfindlich sind, können buchstäblich innerhalb von Stunden, nachdem sie ihre erste Amalgamfüllung bekommen haben, heftig erkranken; bei anderen verläuft die Erkrankung schleichend. Ich habe den Verdacht, daß letzteres für mehr Menschen gilt, als gemeinhin angenommen wird.

Lebensmittelallergien stehen seit neuestem im Brennpunkt des Interesses, und es ist eine Tatsache, daß wir in vielen Fällen empfindlich auf bestimmte Lebensmittel reagieren. Diese Allergien verschwinden häufig dann wieder, wenn der Körper sich in einem ausgewogenen Zustand befindet und auf optimale Weise funktioniert. Mit zwei Genußmitteln sollte man jedoch vorsichtig umgehen, und zwar mit Tee und Kaffee. Beide enthalten Koffein, was die Adrenalinproduktion anregt; in Kaffee ist es in höherem Maß enthalten und regt das Nervensystem, das Herz und den Kreislauf an. Besonders bei älteren Menschen werden die Nieren überbelastet, was eine verstärkte Harnsäureproduktion zur Folge hat, die wiederum Gelenk- und Muskelschmerzen verursacht. Tee ist in der Regel besser verträglich, kann jedoch Verdauungsstörungen und Kopfschmerzen mit Übelkeit hervorrufen, wenn er im Übermaß genossen wird. Ich habe Menschen gekannt, vor allem solche, die in Büros arbeiten, die am Tag bis zu drei Liter schwarzen Kaffee tranken und sich dann wunderten, warum ihnen von Kopf bis Fuß alles weh tat und sie sich die meiste Zeit ausgesprochen schlecht fühlten. Gegen beide Getränke, in Maßen genossen, ist nichts einzuwenden; es ist das Übermaß, was die Probleme verursacht, besonders in Verbindung mit weißem Zucker, da dieser den Körper ebenfalls in hohem Maß belastet, indem er ihm Vitamin B entzieht und die Bauchspeicheldrüsenfunktion stört, was zu anderen Problemen ernsterer Natur führen kann.

Kadmium ist ein weiteres giftiges Element, das in Tee und Kaffee enthalten ist, ebenso wie in haltbar gemachten Fleischwaren und im Zigarettenrauch. Es kann erhöhten Blutdruck, Herzerweiterung, Arteriosklerose und Nierenerkrankungen hervorrufen, um nur einige der Möglichkeiten zu nennen.

Diese Liste ließe sich unbegrenzt fortsetzen; viele von uns sind sich heute der Umweltgifte bewußt, doch hielt ich es für angebracht, diejenigen zu erwähnen, die uns im Alltag so nahe sind, daß wir sie selten bedenken. Einer der Vorteile einer Radionik-Analyse ist, daß latente Vergiftungszustände erkannt und Maßnahmen zu ihrer Beseitigung ergriffen werden können, während sie bei einer medizinischen Untersuchung leicht übersehen werden. Tatsächlich sind nur wenige Ärzte überhaupt der Ansicht, daß Aluminium beispielsweise unsere Gesundheit angreifen kann, es sei denn, sie sind praktizierende Homöopathen. Wie bereits erwähnt, haben Radionik-Therapeuten schon immer auf das mögliche Vorhandensein toxischer Faktoren wie der oben aufgezählten geachtet, so daß sie in hohem Maße befähigt sind, wirksam dagegen anzugehen.

Eine sehr ernste und stark wirksame Quelle von Giftstoffen, die die menschliche Gesundheit auf vielfältige Weise angreifen, bilden die Restgifte nach durchgemachten Kinderkrankheiten. Wir sind alle mit der Tatsache vertraut, daß Gelenkrheumatismus Schäden in Form eines geschwächten Herzens zurücklassen kann, doch wie viele Menschen sind sich dessen bewußt, daß Masern, Mumps, Keuchhusten, Windpocken und Röteln Resttoxine zurücklassen können, die praktisch durch kein anderes Verfahren als durch Radionik oder durch medizinische Radiästhesie entdeckt werden können? Mit Sicherheit nur sehr wenige.

Die Giftstoffablagerungen von Masern habe ich bereits in einem früheren Kapitel erwähnt. Sie können ganz besonders unangenehm in ihren Wirkungen sein. In den Vereinigten Staaten starben jedes Jahr etwa 200 Studenten an einer rätselhaften Art von Meningitis (Hirnhautentzündung). Diese Todesfälle waren insofern rätselhaft, als sie nur Studenten Anfang Zwanzig zu betreffen schienen und als man keine Ursache für diese Erkrankung feststellen konnte. Durch sorgfältige Untersuchungen wurde schließlich ein sogenannter »schwelender Virus« entdeckt, der entweder auf natürliche Weise oder durch Schutzimpfung in den Körper gelangt war. Dieser »schwelende Virus« war nichts anderes als Masern, die auf irgendeine Weise aktiv wurden und äußerst bösartige Auswirkungen hatten. Warum, haben die Forscher bis heute nicht herausgefunden. Ich glaube, in der Tatsache, daß die Krankheit fast nur Studenten betraf, liegt ein Hinweis für uns. Die Giftstoffe, wie wir den »schwelenden Virus« nennen, befinden sich im Zentralnervensystem, besonders im Großhirn, und es ist gut möglich, daß die intensive Großhirnaktivität während des Universitätsstudiums in irgendeiner Weise ein Energiefeld erzeugt, in dem diese Giftstoffe aktiv werden.

Vielleicht ist es nur ein merkwürdiger Zufall, doch heißt es, daß das transpersonale Selbst oder die Seele etwa im Alter von 21 Jahren vom Mentalkörper Besitz ergreift; dies stellt in sich schon eine starke Art von Stimulierung dar, die in Verbindung mit der gesteigerten Großhirntätigkeit gerade ausreicht, um die Waagschale zugunsten des Giftstoffes zu neigen.

Mumps hat die Tendenz, sich in den Keimdrüsen festzusetzen,

und kann dadurch sehr störende Auswirkungen auf das heranwachsende Kind haben; er kann zu Unreife führen und den Stimmbruch bei jungen Männern behindern. Tatsächlich hinterläßt jede Kinderkrankheit Resttoxine, die jedoch in vielen Fällen keine gesundheitlichen Probleme zu verursachen scheinen. Aber auch wenn keine Krankheitssymptome vorliegen, die unmittelbar auf diese Toxine zurückzuführen sind, können sie doch die Gesundheit eines Menschen für sein ganzes Leben beeinträchtigen, wenn sie nicht durch eine Verbindung von Radionik- und homöopathischer Behandlung erkannt und beseitigt werden.

Das Umweltbewußtsein nimmt heute immer mehr zu, doch nur wenige Menschen bedenken die Gefahren, die von Quecksilberamalgam-Füllungen, Aluminiumtöpfen oder Resttoxinen nach durchgemachten Kinderkrankheiten ausgehen, weil diese so selbstverständlich zu unserem Leben gehören, daß wir uns selten Gedanken darüber machen. Gerade deshalb stellen sie ein wirkliches Risiko für unsere Gesundheit dar.

9
Wie funktioniert Radionik?

Diese Frage wird trotz der Tatsache, daß die Radionik in ihrer gegenwärtigen Form bereits seit vielen Jahrzehnten auf der ganzen Welt praktiziert wird, immer noch diskutiert, und es sind eine ganze Reihe von Theorien darüber aufgestellt worden, wie die Radionik funktioniert. Mit Sicherheit kann man sagen, daß die Radionik in direktem Zusammenhang mit dem Denken steht, so daß sowohl bei den diagnostischen wie auch bei den therapeutischen Aspekten der Radionik eine mentale Komponente mit im Spiel ist. Außerdem bezieht man sich zu ihrer Erklärung auf Feldtheorien, die zum Teil wissenschaftlicher Natur sind, zum Teil aus den esoterischen Bereichen der Religion und der Philosophie stammen.

Ich bin bereits weiter oben kurz auf diese Feldtheorien zu sprechen gekommen und glaube nicht, daß viel dadurch zu gewinnen wäre, wenn wir näher auf dieses Thema eingehen. Wir haben gesehen, daß Felder Gegenstände und Lebensformen erzeugen und daß jede Lebensform ihr eigenes Feld hat. Die Lebens- oder L-Felder eines Menschen können durch Gedanken auf einen anderen Menschen oder Gegenstand über die Entfernung hin einwirken. Niemand weiß genau, wie dies funktioniert, aber es ist eine allgemein akzeptierte Tatsache, daß das menschliche Bewußtsein über große oder geringe Distanzen hinweg die Stärke anderer Biogravitationsfelder beeinflussen kann. Vielleicht haben Sie schon einmal absichtlich auf den Hinterkopf eines Menschen gestarrt, um ihn dazu zu bringen, sich umzudrehen und Sie anzuschauen; oder Sie haben dem Impuls nachgegeben, sich umzudrehen und zurückzuschauen, nur um festzustellen, daß jemand Sie anstarrt. Wir alle haben derartiges schon erlebt; es handelt sich dabei um ein Feldphänomen, das den Gebrauch von Verstand und Denken beinhaltet. Die australischen Ureinwohner, die in einer Landschaft von unermeßlicher Weite und Stille lebten, haben diese Fähigkeit bis zu einem so hohen Grad entwickelt, daß die Geübten unter ihnen buchstäblich die Gedanken eines anderen lesen oder ihn aus der Ferne heilen können. In ähnlicher Weise können sie Wild in großer Entfernung »sehen«, obwohl es für das körperliche Auge nicht sichtbar ist. Diese Fähigkeiten sind oder waren vielen Stammesgesellschaften eigen. Unsere sogenannte Zivilisation scheint die feinen Sinne, die für diese Art der Wahrnehmung erforderlich sind, abzustumpfen und verkümmern zu lassen. Aber mit angemessenem Training können sie entwickelt und zur Ferndiagnose und zum Heilen eingesetzt werden.

Wenn wir heute nach einer verständlicheren Erklärung für das Radionik-Phänomen suchen und verstehen wollen, wie Diagnose und Behandlung aus der Ferne durchgeführt werden können und wie eigentlich Radionik-Fotos entstehen, die Querschnitte durch menschliches Gewebe zeigen und dabei Tausende von Kilometern vom Patienten entfernt aufgenommen wurden, werden wir uns der Quantenphysik zuwenden müssen. Dies genügt natürlich, um die meisten Menschen sofort davon abzubringen, weiter nach einer Erklärung zu fragen. Merkwürdigerweise scheint die moderne Physik viele der Gedanken zu wiederholen, die in den alten mystischen Lehren zu finden sind. Die Quantentheorie sagt aus, daß *man sich nicht bewegen kann, ohne alles in seinem Universum zu beeinflussen*. Dies erinnert an das Bibelwort von den zwei Sperlingen: »Dennoch fällt deren keiner auf die Erde ohne euren Vater.« In der Quantentheorie heißt es weiter, daß *man nicht einmal etwas betrachten kann, ohne den Gegenstand und sogar sich selbst zu verändern*.

Wenn ein Radionik-Therapeut Ihren »Beweis« auf sein Gerät legt und sich auf Sie einstimmt, hat bereits eine Wirkung stattgefunden. Wenn Energiequanten vom Behandler zu Ihnen fließen, modifiziert durch das Gerät mit seinen darauf eingestellten Werten, dann verursacht diese Energie, daß die Atome Ihres Körpers in Schwingung geraten, und verändert so Ihr Feld und letztlich die erkrankten Partikel. Wenn dies auf die richtige Weise geschieht, wird Ihre Gesundheit wiederhergestellt. Die Alten sagten, daß wir alle eins oder alle miteinander verbunden sind; die moderne Physik spricht von der Quantenverkettung; dies ist ein und dasselbe und genau das, was sich die Radionik zunutze macht.

Wie bereits gesagt, denken wir soviel in physischen Begriffen, weil wir in einem physischen Universum leben, und es liegt für uns klar auf der Hand, daß ein Mensch vom anderen durch den Raum getrennt ist. Auf den höheren Bewußtseinsebenen jedoch gibt es weder Zeit noch Raum, wie wir sie in der physischen Welt erleben. Wenn sich also ein Therapeut auf Sie, den Patienten, einstimmt, entsteht auf der geistigen Ebene, auf der die Arbeit ausgeführt wird, eine unmittelbare Nähe. Der Geist des Therapeuten hat Zugang zu Informationen über Ihre Gesundheit, die sonst verborgen sind, und verwendet sie zu Ihrem Nutzen, um Ihre Gesundheit wiederherzustellen.

Sie werden sich inzwischen vielleicht fragen, ob solche Techniken mißbraucht werden könnten. Die Antwort darauf muß lauten: Ja, das können sie! Aber es ist eine seltsame Tatsache, daß jeder, der diese Techniken mißbraucht, häufig in Schwierigkeiten der einen oder anderen Art gerät und daß die Fähigkeit wirksamer Ferndiagnose und -behandlung dabei oft verschwindet. Eine Begabung dieser Art muß als ein Geschenk behandelt werden, das für den Dienst an der Menschheit eingesetzt werden soll, alles andere ist Mißbrauch.

Ich will mich nicht weiter darüber auslassen, wie die Radionik funktioniert; es ist ein schwieriges Thema, mit dem ich mich in verschiedenen meiner Bücher schon eingehender befaßt habe. Dem Leser, der diesen Aspekt der Untersuchung weiter zu verfolgen wünscht, werden sie sich vielleicht als nützlich erweisen. Außerdem empfehle ich das Buch von Bob Toben mit dem Titel *Raum - Zeit und erweitertes Bewußtsein* (Synthesis), das köstlich und unterhaltsam zu lesen ist, weil es die Quantenphysik mit lustigen Zeichnungen und einem Minimum an Text veranschaulicht. Man kommt damit mühelos zu einem besseren Verständnis der Prinzipien, die der Fernbehandlung und den Radionik-Heilverfahren zugrunde liegen.

10
Körper — Geist — Seele

Wir werden jetzt zu denjenigen Bestandteilen des Analyseformulars (Abb. 8, S. 58) zurückkehren, die ich zuvor noch unberücksichtigt gelassen habe. Wenn Sie es anschauen, werden Sie eine Reihe von vier Kreisen sehen, über denen sich ein Dreieck befindet. Die drei kleineren Kreise, die von dem Oval umgeben sind, stellen jeweils einen der Körper oder eins der drei Gefäße dar, deren wir uns als Menschen in den »drei Welten« bedienen, wie die Weisen des Ostens sagen. Der unterste Kreis stellt den physischen und den ätherischen Körper als eine Einheit dar. Der nächste Kreis stellt den Emotionalkörper dar, und der obere den Mentalkörper. Der größere Kreis über dem Oval ist das transpersonale Selbst, und das Dreieck repräsentiert den innewohnenden Geist. Das Oval selbst symbolisiert die Persönlichkeit oder die Gesamtsumme der Energien des niedrigeren Selbst, bestehend aus Mental-, Emotional-, ätherischem und physischem Körper.

Dies ist ein esoterisches Modell des Menschen, das in vielen Lehren gefunden werden kann, und anhand dieses Modells kann man gut zu einem Verständnis davon kommen, wie Menschen funktionieren. Vor allem zeigt es die Energiequalitäten, die in jedem Körper vorhanden sind und die unseren Charakter schaffen und zu einem großen Teil die Art und Weise bestimmen, wie wir an das Leben herangehen und wie wir damit umgehen. Die Art, wie die verschiedenen Energiefelder sich gegenseitig beeinflussen, bildet natürlich einen Hauptquell physischer und psychischer Krankheit, so daß dieser Aspekt der Radionik-Analyse für denjenigen Menschen von beträchtlicher Bedeutung sein kann, der in den esoterischen Lehren bewandert und dadurch nicht nur darauf vorbereitet, sondern auch dazu *fähig* ist, mit dem Therapeuten auf den inneren Ebenen zusammenzuarbeiten, um Harmonie und Gesundheit wiederherzustellen. Dies setzt ein beträchtliches Wissen seitens des Therapeuten voraus, und kein geringes seitens des Patienten. Aus diesem Grund ist es derzeit noch ein spezialisierter Aspekt der Radionik-Behandlung, doch einer, der sich in Zukunft einmal als besonders wichtig erweisen wird. Dies ist genau der Punkt, durch den die Radionik zu einem wahrhaft ganzheitlichen Heilverfahren werden kann, indem sie sich nämlich buchstäblich mit dem ganzen Menschen befaßt.

Wir haben uns mit der Analyse des physisch-ätherischen Organsystems des Körpers und der Beschaffenheit der Chakren befaßt und wie diese die Gesundheit und die feinstofflichen Körper beeinflussen. Indem wir uns nun die Energiemuster jedes Körpers anschauen, können wir einen tieferen Einblick gewinnen. Wenn ich diese Energien in unserem hypothetischen Fall interpretiere, werde ich nicht sehr ins Detail gehen. Es genügt zu sagen, daß es allein zu diesem Thema fünf Bände gibt, die von Alice A. Bailey geschrieben wurden.

In ihren Büchern werden die Energien, die jeden Körper charakterisieren, als Strahlen bezeichnet; davon gibt es sieben. Sie tauchen in verschiedenen Religionen immer wieder auf — in der Bibel heißen sie beispielsweise die »sieben Geister vor dem Thron Gottes«. Der christliche Mystiker Jakob Böhme nannte sie die sieben »Quellgeister«. Wir sollten sie uns einfach als sieben Energiequalitäten vorstellen, denen sieben menschliche Grundcharaktere entspringen. Diese Energien werden von eins bis sieben durchnumeriert, und ich werde für den Augenblick nicht mehr darüber sagen, als daß die Energien 2, 4 und 6 die Tendenz haben, harmonisch zusammenzuarbeiten, jedoch mit den Energien 1, 3, 5 und 7, die ebenfalls gut zusammenarbeiten, kollidieren können. Jede Energie hat ihre positiven Qualitäten, aber auch negative Eigenschaften und ihren trügerischen Glanz. Meine Interpretation von Hans Müllers Strahlen wird Ihnen eine Vorstellung von der Natur einiger dieser Energien und auch davon vermitteln, auf welche Weise sie unser Leben formen. Was also sagen uns diese Energien über das Wesen dieses Menschen:

Sein transpersonales Selbst entspricht dem zweiten Strahl; das bedeutet, daß er vielleicht dazu neigt, zu lehren oder in einem heilenden Beruf zu arbeiten. Er könnte intuitiv, geduldig und wahrheitssuchend sein, manchmal jedoch anderen gegenüber zu Gleichgültigkeit neigen und ihren Fehlern, vor allem im mentalen Bereich, verächtlich gegenüberstehen. Der zweite Strahl läßt ihn oft allen möglichen Ängsten ausgeliefert sein und gibt ihm ein Gefühl der Unzulänglichkeit und Minderwertigkeit. Er macht sich Sorgen über alles mögliche und ist nie wirklich zufrieden mit der geistigen Ebene, die er erreicht hat. Wenn die Situation es erfordert, kann Hans Müller eine zurückhaltende Haltung annehmen, und dank seines Taktgefühls könnte er einen ausgezeichneten Diplomaten abgeben.

Im mentalen Bereich, der bei ihm dem fünften Strahl entspricht, wird er sich um genaue Aussagen über Dinge bemühen. Er wird zur Unabhängigkeit und Rechtschaffenheit neigen und viel gesunden Menschenverstand besitzen. Es ist möglich, daß es ihm manchmal an Verständnis mangelt und daß er mit einer gewissen Arroganz enge Ansichten vertritt. Er wird in der Regel pünktlich sein, doch wenn Sie zu spät kommen oder ihm in die Quere kommen, wird es ihm schwerfallen, Ihnen zu verzeihen. Der fünfte Strahl verleiht mitunter eine recht kritische Natur und prägt die Art von Mensch, die für die Behauptungen anderer Beweise verlangt.

Sein Emotionalkörper liegt auf dem sechsten Strahl, was bewirkt, daß er oft ziemlich idealistisch und hingebungsvoll ist, und wenn sein vom fünften Strahl geprägter Verstand nicht die Oberhand behält, ist es gut möglich, daß er übereilte Entscheidungen trifft und zu raschen Schlußfolgerungen kommt, die er später bereut. Er hat eine ausgeprägte Abneigung gegen Veränderungen und neigt dazu, ziemlich festgefahrene Meinungen zu haben. Unweigerlich hat er zu viel Gefühlsintensität, und darin besteht eins der Probleme, aufgrund derer sein Solarplexus-Chakra so überaktiv ist. Starre Geisteshaltung kann zu einem starren Körper führen, so daß arthritische Zustände auftreten können, wenn er nicht mit mehr Beweglichkeit an Probleme heranzugehen lernt.

Hans Müllers physisch-ätherischer Körper liegt auf dem dritten Strahl. Dies verleiht ihm Aufrichtigkeit, einen klaren Intellekt und erleichtert in der Regel philosophische Studien. Er ist jedoch ein Mensch, der eine Frage unter so vielen verschiedenen Aspekten betrachtet, daß dadurch jede Handlungsfähigkeit gelähmt wird. Mit seinem vom fünften Strahl geprägten Verstand wird er anderen und bisweilen auch sich selbst gegenüber kritisch sein, und dies wird durch seinen vom dritten Strahl geprägten physisch-ätherischen Körper noch verstärkt. Er wird immer ein vielbeschäftigter Mensch sein, der sehr wahrscheinlich schnell spricht und sich schnell bewegt und der völlig von materiellen Dingen und Geldverdienen in Anspruch genommen ist; dies ist die Stärke der vom dritten Strahl geprägten Menschen, und deshalb sind sie auch häufig in der Geschäftswelt anzutreffen.

Schließlich hat er noch eine vom vierten Strahl geprägte Persönlichkeit; dies bedeutet, daß er die Fähigkeit hat, Konfliktsituationen harmonisch aufzulösen (ein Plus für jeden Diplomaten), aber daß er aufgrund dieses Strahls auch feststellen wird, daß sowohl sein privates wie auch sein berufliches Leben Konflikte aufwerfen, mit denen er sich auseinandersetzen muß. Er wird über einen guten Sinn für Farben und Proportionen verfügen sowie über die angeborene Fähigkeit, zu wissen, wann sich die Dinge im Gleichgewicht befinden und wann nicht. Der vierte Strahl bedeutet auch Unbeständigkeit, Unsicherheit und ein unpraktisches Wesen; es kann sein, daß Hans Müllers Interessen sich verzetteln und seine Energien auf zu viele verschiedene Vorhaben aufgesplittert sind, besonders da ihn sein vom dritten Strahl geprägter physisch-ätherischer Körper ohnehin schon zu einem übermäßig betriebsamen Menschen macht. Eins ist sicher: Er wird immer mit sich selbst auf Kriegsfuß stehen, sich in ständigem inneren Zweikampf befinden, wenn die Kräfte der Trägheit und der Aktivität vor und zurück schwingen und dabei das erzeugen, was zu Zeiten zu großer nervlicher Belastung und psychischer Spannung anwachsen kann. In Unterhaltungen ist es gut möglich, daß er zwischen glänzenden Darlegungen und düsterem Schweigen schwankt.

Sogar aus dieser kurzen Übersicht wird klar, das ein großes Maß an Informationen aus dem Wissen gewonnen werden kann, welche Strahlen oder Energien den Körper charakterisieren. Jeder Strahl macht uns anfällig für bestimmte Stärken und Schwächen; er setzt uns Grenzen, um uns gleichzeitig bestimmte Gaben und Fähigkeiten zu verleihen. Wie wir nun diese verschiedenen Energien nützen, liegt ganz bei uns, doch durch ihren Mißbrauch entstehen diejenigen Schwingungen, die die Samen der Krankheit in uns zum Keimen bringen. Dies kann nur eine sehr kurze Darstellung der Strahlen sein; es ließen sich leicht viele Seiten damit füllen, all den Wechselwirkungen und Blockaden im Strahlenaufbau von Hans Müller nachzugehen und ihre Beziehung zu den Chakren und seinem körperlichen Gesundheitszustand darzustellen. Dies hätte jedoch nur einen Sinn, wenn er in der Lage wäre, Nutzen aus diesen Informationen zu ziehen, indem er eine aktive Rolle bei der Pflege seiner Gesundheit übernähme.

Es dürfte inzwischen deutlich geworden sein, daß die Radionik eine wahrhaft ganzheitliche Heilkunst ist, und eins ist sicher — wir werden in den kommenden Jahren erleben, daß von diesem Weg zur Gesundheit in zunehmendem Maß Gebrauch gemacht werden wird, wenn die Patienten zu wissen verlangen, wo die Wurzeln ihrer Gesundheitsprobleme liegen.

Anmerkung des Herausgebers: Die Radionik-Analyse der Strahlen wurde durch den Autor mit der Veröffentlichung von *Radionics — Science or Magic?* (Radionik — Wissenschaft oder Magie?) eingeführt. Er hat sich 23 Jahre lang intensiv mit diesem komplexen Thema beschäftigt und ist unseres Wissens der einzige Radionik-Therapeut, der befähigt ist, mit einiger Genauigkeit auf Einzelheiten dieser Art einzugehen. Die Radionik-Analyse der Strahlen ist aber nicht immer Bestandteil der Behandlungsweise eines Radionik-Therapeuten.

11
Ein Überblick

Trotz der Tatsache, daß die Radionik in ihrer ursprünglichen Form als »Elektronische Reaktion von Abrams« einen der revolutionärsten Durchbrüche in der Medizin im ersten Drittel dieses Jahrhunderts darstellte, hat sie bisher noch keine volle Anerkennung gefunden. Vielleicht war sie als Idee ihrer Zeit zu weit voraus, und es ist auch gut möglich, daß das für diese Arbeit erforderliche Format des Therapeuten in dem Maße von der Bildfläche verschwand, in dem besonders die Medizin immer tiefer in einem auf das Körperliche hin orientierten Zugang zu Gesundheitsproblemen und deren Heilung steckenblieb. Die Prophezeiung eines Zeitalters der Wunderdrogen ist nicht in Erfüllung gegangen, eher das Gegenteil. Iatrogene (vom Arzt verursachte) Krankheiten haben geradezu epidemische Ausmaße angenommen, und die Menschen suchen verständlicherweise anderswo nach Hilfe. Vorsichtigen Schätzungen zufolge sind 10 Prozent aller Krankenhauspatienten aufgrund der Nebenwirkungen der ihnen verschriebenen Medikamente eingeliefert worden; andere Quellen setzen die Zahl sogar bei 25 Prozent an.

Das neue und schnell anwachsende Interesse an alternativen Heilmethoden ist das Anzeichen einer Veränderung; schon allein dadurch werden die Vertreter der traditionellen Methoden gezwungen werden, ihre Position, ihre Denkweise und vor allem ihre Einstellung zum Heilen zu überdenken. Man kann voraussagen, daß sie zunächst versuchen werden, sich die verschiedenen alternativen Methoden zu eigen zu machen und Anspruch auf sie zu erheben. In England gab es vor kurzem ein lehrreiches Beispiel dafür: Als der englische Thronprinz die moderne Medizin öffentlich mit einem »Dinosaurier« verglich, fühlte sich die Britische Ärztevereinigung bemüßigt, im Fernsehen und in anderen Medien ihre Einstellung den alternativen Heilmethoden gegenüber wortreich zu verteidigen. Ihre Vertreter waren gezwungen zu sagen, daß sie die alternativen Heilmethoden prüfen wollten und daß diese auch Vorzüge haben könnten; aber der Weg zu einem Heilpraktiker oder anderen alternativen Therapeuten wird den Patienten — ob in England oder Deutschland — immer noch sehr schwer gemacht. In den sechziger Jahren gaben Vertreter der Ärzteschaft in den Medien zu, nicht viel über die Behandlung von Rückenproblemen zu wissen, doch seien intensive Forschungen auf diesem Gebiet im Gange. In der Zwischenzeit, bis sie zu einigen Ergebnissen gekommen seien, rieten sie der Öffentlichkeit, sich von Osteopathen und Chiropraktikern fernzuhalten. Ich frage mich, ob diese Denkweise zu einer ernsthaften Auseinandersetzung mit den Heilmethoden des New Age führen kann oder ob die Ärzte bei ihrer gegenwärtigen arroganten Haltung bleiben werden.

Was auch immer die moderne Medizin und die Ärzteschaft darüber denken mag, wir sind im Begriff, in eine neue Ära einzutreten, in der eine schnell anwachsende Zahl von Menschen einen ganzheitlichen Ansatz verlangt. Denken Sie beispielsweise nur an die wachsende Beliebtheit der Homöopathie, in der Heilmittel verwendet werden, welche den ganzen Körper heilen, anstatt Symptome zu unterdrücken. Wie die Homöopathie, so betrachtet auch die Radionik den ganzen Menschen, nicht nur ein Teilstück von ihm.

An anderer Stelle habe ich die Radionik als eine *entelechische* Heilmethode bezeichnet. Was bedeutet das? »Entelechie« wird im Fremdwörterlexikon definiert als »die sich im Stoff verwirklichende Form; die im Organismus liegende Kraft, die seine Entwicklung und Vollendung bewirkt«. Die Radionik ist ihrem ganzen Wesen nach eine entelechische Heilmethode. Sie bezieht sich auf den ganzen Menschen, betrachtet ihn sowohl nach physischen wie auch nach paraphysischen Gesichtspunkten, und sie erkennt die geistige Natur des Menschen an. Sie achtet unmittelbar auf die einigende Kraft innerhalb der menschlichen Strukturen und behandelt diese Kraft durch sanfte, zwanglose Maßnahmen. Vor allem setzt sie sich mit den Krankheitsursachen auseinander, die durch andere Mittel meist nicht identifiziert werden können.

Abrams, der Vater der Radionik, entdeckte die Prinzipien der »elektronischen Medizin«. Aufgrund seiner Forschungen stellte er die Theorie auf, daß Krankheiten Zustände von Schwingungsenergie seien und mit Energie behandelt werden könnten, sei es in der Form von homöopathischen Medikamenten oder durch elektromagnetische Mittel. Dies ist meilenweit entfernt von der zellularen Krankheitstheorie, die im Licht der modernen Physik völlig überholt ist. Doch die traditionelle Medizin klammert sich an diese Theorie und wird darin natürlich voll und ganz unterstützt von den Arzneimittelherstellern.

Die Radionik hat Krankheitsphänomene immer nach energetischen Gesichtspunkten betrachtet, und jetzt, da wir auch den Menschen in einem ähnlichen Licht sehen, gibt es keinen Zweifel daran, daß die Radionik in den kommenden Jahrzehnten eine wichtige Rolle zu spielen haben wird, wenn Patienten und Angehörige der Heilberufe gleichermaßen sich dieser Tatsache bewußt werden.

Information
The Radionic Association, Baerlein House,
Banbury, Goose Green, Deddington, Oxon, OX150SZ

Sind Sie interessiert an weiteren Informationen über natürliche Heilverfahren?

Ihre Mitgliedschaft im ZDN sichert den Erhalt und die Verbreitung von Naturheilverfahren

Laut einer Umfrage des Institutes für Demoskopie, Allensbach, wünschen über 50 % der Bevölkerung der Bundesrepublik, mit Methoden der Natur- und Erfahrungsheilkunde behandelt zu werden. Aber nur 10 % der Therapeuten wenden Naturheilverfahren an. Gleichzeitig steigt die öffentliche Kritik an der sog. Schulmedizin und einem erstarrten Gesundheitswesen.

Vor diesem Hintergrund wurde das Zentrum zur Dokumentation für Naturheilverfahren gegründet, das Ärzte, Heilpraktiker und Patienten objektiv über aktuelle Erkenntnisse und Probleme aus dem Bereich der Naturheilverfahren und Ganzheitsmedizin informieren möchte. Dazu braucht das ZDN Ihre Unterstützung — bitte helfen Sie mit.

Das ZDN:

§ 2 der Vereinssatzung »Zweck und Ziel« vom August 1981

Der Verein hat das Ziel, Erfahrungen auf dem Gebiet der Naturheilmethoden und verwandten Gebieten zu sammeln, zu ordnen und weiterzugeben, im Dienste des öffentlichen Gesundheitswesens. In diesem Rahmen werden Informationsveranstaltungen angeboten und die Zusammenarbeit mit den betreffenden Organisationen und Personen auf nationaler und internationaler Ebene gepflegt.

Die Arbeit des ZDN und seine Ziele

- Erforschung von Naturheilverfahren auf wissenschaftlicher Basis
- Internationale Zusammenarbeit mit Ärzten, Wissenschaftlern und Heilpraktikern
- Sammlung und Dokumentation natürlicher Heilverfahren
- Erstellung einer Datenbank
- Bereitstellung aller Unterlagen zur Anwendung und Weiterentwicklung natürlicher Heilverfahren
- Adressenvermittlung

Unter Nutzung neuester technischer Möglichkeiten und durch die Zusammenarbeit mit vielen Gleichgesinnten will das ZDN mithelfen, Ignoranz, Desinformation, Unterdrückung und Angst zu überwinden.

Ihre Mitgliedschaft — Ihr Vorteil

Mit Ihrer Mitgliedschaft im ZDN tragen Sie nicht nur zum Erhalt und zur Verbreitung von Naturheilverfahren bei, sondern sichern sich außerdem folgende Leistungen:

- Kostenloser oder verbilligter Bezug von ZDN-Informationen
- Ermäßigte Eintrittsgebühren zu den ZDN-Veranstaltungen

Die Gemeinnützigkeit des ZDN ist anerkannt.

Auch wenn Sie nicht Mitglied werden wollen, schreiben Sie uns, Sie kommen damit in den Genuß, auch weiterhin durch das ZDN informiert zu werden.

Zentrum zur Dokumentation für Naturheilverfahren e. V.
45147 Essen
Hufelandstraße 56
Telefon 02 01 / 74 55 51, Telefax 02 01 / 70 22 84

Bodo Baginski & Shalila Sharamon REIKI — Universale Lebensenergie

Reiki wird als jene Kraft definiert, die die Grundlage allen Lebens bildet. Diese universale Lebensenergie kann durch entsprechende Einstimmungen in jedem Menschen geweckt und aktiviert werden, so daß sie als heilende, ordnende und harmonisierende Kraft durch seine Hände fließt. Reiki bewirkt eine Heil-Werdung im ursprünglichen Sinn, denn es führt den Menschen zu einer Harmonie mit sich selbst und den grundlegenden Kräften des Universums zurück. Die Autoren Bodo J. Baginski und Shalila Sharamon beschreiben in diesem Buch ihre Erfahrungen mit der Reiki-Heilkunst bei Menschen, Tieren und Pflanzen. Sie schreiben über den Ursprung und die Geschichte des Reiki, seine Wirkungsweise, wie man Reiki erlernt, erläutern die verschiedenen Anwendungsmöglichkeiten und geben viele nützliche und hilfreiche Tips für die Praxis des Reiki. Darüber hinaus enthält das vorliegende Buch ein Verzeichnis über die Hintergrundbedeutung von über 200 Krankheitssymptomen aus geistiger Sichtweise. **240 Seiten**

Fran Brown Reiki-Leben – Großmeisterin Takatas Lehren

Geschichten aus dem Leben von Hawayo Takata.

Reiki ist Lebensenergie. Im Usui-System des Natürlichen Heilens wird diese Energie geehrt und als Leitfaden des täglichen Lebens genutzt. Sie bietet uns eine einfache Möglichkeit, unser leben als eine heilige und ehrenvolle Erfahrung zu verstehen. Die Geschichten in diesem Buch geben Einblick in das Leben einer Frau, die die Reiki-Lehren gelebt hat. Die Geschichten sind komisch und ernst, voller Freude und Traurigkeit, sie geben Aufschluß über das Heranwachsen dieser Meisterin und über ihr tiefes Vertrauen in die Lebensenergie. Sie schildern das Reifen von Takatas Heilkräften und zeigen ihre Bescheidenheit angesichts ihrer Gaben. Von bescheidenen Anfängen entwickelte sie sich zu einer großen und starken Persönlichkeit, von allen, die sie kannten, geliebt und respektiert.

In diesen liebevollen Erinnerungen an ihre Lehrerin hat Fran Brown die farbenfrohen Geschichten gesammelt, die Hawayo Takata während der 35 Jahre erzählt hat, in denen sie die einzig lehrende Reiki-Meisterin war. Die Geschichten geben einen inspirierenden Überblick über Takatas Lehren und schildern die praktischen und spirituellen Aspekte eines Lebens, das dem Heilen gewidmet war. **180 Seiten**

Ron Kurtz Körperzentrierte Psychotherapie – Die Hakomi-Methode

Körper und Bewegungen eines Menschen drücken zentrale Anschauungen, Bedürfnisse, Gefühle und Besonderheiten seines Daseins aus. Psychologische Informationen formen den Körper. In Anerkennung dieser Verbindung beginnt die Methode mit der Arbeit am Körper. Besonderes Kennzeichen der Hakomi-Methode ist die genaue Anwendung der buddhistischen Prinzipien von *Innerer Achtsamkeit* — die Aufmerksamkeit wird auf das gelenkt, was jetzt genau vor sich geht — und *Gewaltlosigkeit* — wir unterstützen Abwehr und spontanes Verhalten, lassen entwickeln, anstatt zu konfrontieren und zu bekämpfen. **320 Seiten, ill., geb.**

Gerda und Mona Lisa Boyesen Biodynamik des Lebens

Die Gerda-Boyesen-Methode – Grundlage der biodynamischen Psychologie. Jeder Körper reagiert in einer Streßsituation mit Anspannung, aus der der gesunde Körper wieder zu seinem Gleichgewicht zurückfindet. Oft geschieht dies jedoch nicht: Hervorgerufene Gefühle oder Ängste werden nicht ausreichend abgebaut oder verarbeitet, und wir verharren in einem unausgeglichenen Zustand. Die Selbstregulation unseres Organismus findet nicht statt, das Ungleichgewicht manifestiert sich in den Muskeln und unseren inneren Organen; besonders dem Verdauungstrakt. Dieser ist das Hauptregulans für die Freilassung nervöser Energien und besitzt damit die Fähigkeit, Neurosen »zu verdauen« und das vitale Energiegleichgewicht im Organismus zu regeln.

Mit dieser Erkenntnis entwickelte Gerda Boyesen in ihrer klinischen Arbeit die Methode der biodynamischen Psychologie, in der sie die Freudsche Psychoanalyse und die dynamische Physiotherapie mit der Vegetotherapie und Orgontherapie W. Reichs zu einer Synthese vereinte und damit die biologische Basis der Psychodynamik legte. **200 Seiten**

Dr. Malcolm Brown Die Heilende Berührung

Die Methode des direkten Körperkontaktes in der körperorientierten Psychotherapie. Dieses Buch führt zu theoretischer Klarheit und zum praktischen Verständnis einer Yin / Yang-Körpertherapiemethode, eingebettet in eine grundlegende, humanistische, tiefgehende Art der Behandlung. Beeinflußt durch C. G. Jung, A. Maslow, E. Neumann, C. Rogers und D. H. Lawrence entwickelte Brown seine Methode der Lösung der chronischen Muskelspannung und der Reaktivierung der natürlichen geistig / spirituellen Polaritäten der verkörperten Seele und transzendierten Psyche.
340 Seiten, 30 Abb., geb.

Don Johnson Rolfing und die menschliche Flexibilität

Der Körper ist flexibel, ein fließendes Energiefeld, das vom Moment der Empfängnis bis zum Tod in einem Prozeß der ständigen Veränderung ist. **Inhalt u. a.:** Beschreibung von Rolfing-Sitzungen, Rolfing und die anatomischen Grundlagen; soziales Verhalten und die Auswirkungen auf den Körper . . . **164 Seiten, ill.**

Robert St. John Metamorphose – Die pränatale Therapie

Die Methode basiert auf einer überlieferten chinesischen Behandlungsweise der Füße. R. St. John entdeckte in bestimmten Bereichen der Füße Verbindungen zur vorgeburtlichen Phase, in der Energiemuster unser Sein geprägt haben. Durch eine sachgemäße Behandlung des Reflexbereiches der Wirbelsäule an Füßen, Händen und Kopf werden auf natürliche Weise Sperren und Grenzen des Bewußtseins aufgehoben und die ursprünglichen Kräfte der Psyche wieder freigesetzt.
160 Seiten, ill.

Reinhard Flatischler Die Vergessene Macht des Rhythmus

Reinhard Flatischler hat aus schamanistischen Traditionen ein System entwickelt, das mit Sprachrhythmen, Klatschen, elementaren Tanzformen und Gesang jeden die Erfahrung der Rhythmuselemente in seinem eigenen Zeitmaß machen läßt. Diese grundlegenden Erfahrungen sind auf alle Musikinstrumente übertragbar. Sie sind in der Rhythmik jedes Kulturkreises zu finden und haben psychische Wirkungen, die für alle Menschen gleich sind. Davon ausgehend werden wir die Rhythmuswelten Afrikas, Indiens, Koreas, Brasiliens und Kubas aus ihren Elementen kennenlernen, und selbst den Stellenwert finden, den die Rhythmen dieser Kulturkreise für unser tägliches Leben in Europa haben.
228 Seiten, Fotos u. Grafiken, Farbbildteil, geb.; Kassettenkurs (3 Kassetten) separat erhältlich

Reinhard Flatischler **TA KE TI NA – Der Weg zum Rhythmus**
Rhythmus ist die Kraft hinter allen Dingen. Sie vereint die unterschiedlichsten Gebiete des Lebens. Rhythmus schenkt uns Vertrauen ins Leben und in uns selbst. TA KE TI NA ist der Weg, auf dem alle Aspekte von Rhythmus als Einheit erfahren werden können. Es ist eine Synthese aus dem rhythmischen Wissen vieler Kulturkreise und zeigt in konsequenter Systematik, wie Rhythmus für jedermann erlernbar ist. Die mit TA KE TI NA gemachten Rhythmuserfahrungen sind auf alle Musikinstrumente übertragbar, und der Musiker kann in diesem Buch eine neue Quelle zum Komponieren kreativer Rhythmen finden. Ein Einstieg in die körperliche und geistige Erfahrung von Rhythmus geben.
160 Seiten, ill.; Kassette oder CD separat erhältlich

Burkhard Schroeder **AtemEkstase · Rebirthing**
lehrt Dich das Annehmen allen Seins · Einlassen auf bewußtes Atmen in seiner ursprünglichen Form · Loslassen · Auftauchen ins Leben · Reiten auf den Wellen Deiner Ekstase · Verschmelzen mit dem SEIN · Dich und diese Schöpfung zu lieben.
Rebirthing ist eine wirkungsvolle Methode zur körperlichen, emotionalen und geistigen Reinigung und ein effektiver Weg persönlichen Wachstums. Ein gewaltloser Weg, der Dich lehrt, Deiner Energie zu vertrauen, mit ihr zu fließen, loslassen, zu tun durch Nicht-Tun. Dein Atem wird Dir helfen herauszufinden, wer Du bist, Dich anzunehmen und Dein Herz zu öffnen für Schönheit und Ruhe, Lebendigkeit und Lebensfreude. **128 Seiten; angeleitete AtemEkstase-Kassette separat erhältlich**

A. Wallace, B. Henkin **Anleitung zum geistigen Heilen**
Die Autoren beschreiben — auf dem Erfahrungsgrund der Humanistischen Psychologie —, wie sie zum Heilen angeleitet worden sind, ihre Erfolge und die Grenzen dieser Kunst, andere zu heilen. Darüber hinaus zeigen sie eine umfassende Reihe einfacher Übungen für den Anfänger auf und fortgeschrittene Techniken für den, der sich schon mit geistigem Heilen beschäftigt. In der praktischen Anleitung zeigen sie die Beziehung des Heilens zum Vertrauen, zu Weltanschauungen, Träumen und kosmischer Bewußtheit auf. **228 Seiten**

Bob Toben **Raum-Zeit und erweitertes Bewußtsein**
Toben diskutiert in eingehend grafischer Darstellung mit den Physikern J. Sarfatti, C. Suares und F. Wolf in einer verständlichen Wissenschaftssprache die Abhängigkeit unserer Vorstellung vom Universum durch unsere Sinne. **Themen u. a.:** Psychokinese, Lichtbiegen, Materialisation, Astral-Reise, Wissen aus dem Universum, Reinkarnation, Aura, Telepathie, Telekinese, Levitation, Geistheilung. **180 Seiten, ill.**

Richard S. Heckler **Aikido und der Krieger des neuen Bewußtseins**
Meister Uyeshiba, Begründer des Aikido, lehrte eine Kampfart, die die innere Kraft des Menschen stärkt, ohne Rivalität und Streit. Durch die im Aikido entwickelten Methoden zeigt er eine Alternative zu unserer derzeitigen Form des erdrückenden Militarismus, bzw. eines aufopfernden Pazifismus auf. Das Elementarste an Meister Uyeshibas Aikido aber ist der spirituelle Pfad, der die Menschen lehrt, ihr Ki, ihre Energie mit dem Ki des Universums zu verbinden, um in einer Welt der Harmonie, Zentriertheit und des Mitgefühls zu leben. **176 Seiten, ill.**

Roger Hicks und Ngakpa Chögyam **Weiter Ozean – DALAI LAMA**
Diese autorisierte Biographie ist die erste Aufzeichnung des Lebens Seiner Heiligkeit seit seiner Autobiographie »Mein Leben und mein Volk« (1962). Es ist auch die erste Darstellung der Leben der vorhergehenden dreizehn Dalai Lamas, die einem breiteren Publikum zugänglich ist. **240 Seiten, 31 z. T. bisher nicht veröffentlichte Fotos**

Hazrat Inayat Khan **Das Erwachen des menschlichen Geistes**
Die Botschaft des Autors beginnt und endet mit der Aussage, daß es nicht ausreicht, im Geistigen zu leben; was wir heute benötigen, ist ein *menschlicher* Geist. Es ist die Erweckung des Geistes im Menschen auf der Suche nach der Wahrheit. Diese Unterweisungen Hazrat I. Khans beschreiben die Folge der inneren Entwicklungsphasen, die der einzelne auf der Suche nach der geistigen Wirklichkeit durchläuft. **224 Seiten, zahlreiche Fotos**

Pir Vilayat Khan **Der Ruf des Derwisch**
Pir Vilayat Khan ist Leiter des Sufi-Ordens im Westen, der von seinem Vater Hazrat Inayat Khan gegründet wurde. Er ist bestrebt, den Weg und die Essenz der Sufi-Tradition besonders dem westlichen Menschen erlebbar zu machen.
224 Seiten

Benjamin Hoff **Tao Te Puh – Das Buch vom Tao und von Puh, dem Bären**
Was für ein Puh? *Was* für ein Tao? Das Tao Te Puh! . . . in dem uns enthüllt wird, daß einer der größten taoistischen Meister nicht etwa ein Chinese ist, auch kein altehrwürdiger Philosoph . . . sondern wirklich und wahrhaftig kein anderer als der absichtslos in sich ruhende, einfältige kleine Bär. **160 Seiten, ill.**

Affirmationen – »Ich mag mich selbst«
Eine Affirmation ist ein positiver, schöpferischer Gedanke, um deine negativen Glaubenssysteme und Denkmuster zu verändern. Affirmation heißt das Leben bejahen und deinem Denken eine Idee über das Ziel zu geben.
28 Seiten, Büttenpapier

Erik Sidenbladh **Wasserbabys – Geburt und Entwicklung in unserem Urelement**
Der sanfteste Übergang vom Mutterleib in die Außenwelt ist die Geburt unter Wasser. Frühes Training im Wasser bewirkt bei den Kindern eine bessere und schnellere Koordination der Bewegungen und Körperfunktionen. Die zahlreichen, außergewöhnlichen Aufnahmen verstärken Tjarkovskijs Erfahrungen, daß das menschliche Potential besser entwickelt werden kann, wenn wir lernen, Wasser ohne Angst zu akzeptieren.
156 Seiten, durchgehend vierfarbig ill., geb.

Astro-Tafel – Der Weg zur Astrologie

»ALL-EIN-SEIN heißt eins sein mit dem All. Die Schwingungen des Alls wahrnehmen und sich auf diese Schwingungen einzustimmen heißt sein Leben, oder einfach sich selbst, mit dem All in Einklang bringen. Ist die Person (lat. persona, von per-sonare = durch-tönen, zum Erklingen bringen) im Einklang mit dem Kosmos, so resoniert der Kosmos in ihr, der Kosmos findet seinen Wiederhall in der Person. Wird man sich dessen bewußt, hat man kosmisches Bewußtsein erreicht.« Wohl die umfassendste farbige Informationskarte zum Thema Astrologie und Harmonik. Außer der allgemeinen Beschreibung der Wirkweise der einzelnen Tierkreiszeichen, Planeten, Aspekt- und Himmelspunkte wird auch die Methodik der Verknüpfung dieser astrologischen Elemente zur Deutung erklärt und ausgeführt. Auch die Zuordnung der Töne zu den Planeten sowie der musikalischen Intervalle zu allen Aspekten, wie auch deren farbliche Zuordnungen, können der Karte entnommen werden.

13-Farb-Druck (DIN A2) auf besonderem Qualitätspapier, mit Begleitheft

Lee Sannella **Kundalini-Erfahrung & die neuen Wissenschaften**

In einem verdunkelten Raum sitzt ein Mann allein. Sein Körper wird von Muskelkrämpfen geschüttelt. Unbeschreibliche Empfindungen und stechende Schmerzen schießen von seinen Füßen ausgehend durch Beine und Rücken bis zum Hals. Er hat das Gefühl, sein Schädel würde zerspringen. Im Inneren seines Kopfes hört er tosende Geräusche und hohes Pfeifen. Seine Hände brennen. Er glaubt, sein Körper müsse innerlich zerreißen. Dann plötzlich lacht er und wird von Glücksgefühlen überwältigt.

Ein psychotischer Anfall? Nein, dies ist eine psycho-physische Transformation, ein Prozeß der »Wiedergeburt«, der ebenso natürlich ist wie eine physische Geburt. Pathologisch erscheint dieser Vorgang nur, weil die Symptome nicht zum Ergebnis in Beziehung gesetzt werden: zur psychischen Transformation eines Menschen. Wenn dieser Prozeß ungestört zum Abschluß gelangt, kann ein tiefes psychologisches Gleichgewicht erreicht werden, ein Zustand innerer Stärke und emotionaler Reife.

Sannellas Buch ist unentbehrlich auf dem Weg des tieferen Verstehens von mystischen Erfahrungen und Momenten des erweiterten Bewußtseins. **160 Seiten**

Stuart Perrin **LEAH – Die Geschichte einer meditativen Heilung**

»Als ich Leah das letzte Mal sah, war sie voller Leben, strahlend und bezaubernd schön. Ich war überzeugt, daß sie zu einem besonderen und äußerst ungewöhnlichen Menschen heranwachsen würde. Der Gedanke, daß sie von Krebs befallen war, lag jenseits meiner möglichen Phantasien.

Die Ärzte gaben ihr noch drei Wochen zu leben. – Drei Wochen können eine Ewigkeit sein, wenn man den Moment lebt. In dieser Zeit mußte ich eine neue Logik entdecken, eine, die den Tod entwaffnete und das Unmögliche möglich machte.«

Die dramatische Erzählung eines Heilungsprozesses. LEAH basiert auf einer erlebten Geschichte – die Bemühung eines spirituellen Lehrers, ein junges Mädchen in ihrem Kampf gegen ihren Krebs zu unterstützen. **120 Seiten**

Ken Dychtwald **KörperBewußtsein**

Basierend auf den Arbeiten von W. Reich, I. Rolf, M. Feldenkrais, F. Perls, W. Schutz, A. Lowen, St. Keleman, R. Kurtz u. a. und verschiedenen Yoga-Richtungen, verbindet Dychtwald deren Erkenntnisse mit einer Vielfalt von östlichen und westlichen Einstellungen zur Entwicklung des KörperBewußtseins. Es ist das zur Zeit umfassendste und leichtverständlichste System zur Bewußtwerdung und Diagnose des KörperBewußtseins. KörperBewußtsein von K. Dychtwald ist ein hervorragender Einstieg in das, was wir »Körperlesen« nennen. D. h., durch die Wahrnehmung, wie sich jemand »trägt« oder mit seinem Körper umgeht, erfahren wir mehr über diese Person, als wir sehen. KörperBewußtsein hilft, sich und andere besser »wahr« zu nehmen, indem es aufzeigt, wie der menschliche Körper eine lesbare Karte seiner persönlichen Geschichte ist. Darüber hinaus gibt Dychtwald einen Einblick in verschiedene Körpertherapie-Methoden. Ein lebendiges, gut zu lesendes und sehr menschliches Buch. **320 Seiten, 46 Abb.,**

Georg Schäfer und Nan Cuz **Im Reiche des Mescal – Ein kosmisches Märchen**

Wandere mit Schwarzhaar und dem Schamanen durch Metaphern deiner inneren Welten zum Licht der Erkenntnis . . . Schwarzhaar war ein Träumer, und die Mutter hatte ihre Sorgen mit ihm, denn statt Netze zu flicken oder Brennholz aus dem großen Wald zu holen, lag er am Strand und schaute stundenlang in den Himmel. »Was wird denn hinter den Sternen sein?«, so dachte er, »und wo beginnt das Reich der Götter und wo endet es?« Über solche Gedanken geriet er ins Grübeln und vergaß alles, was ihm die Mutter aufgetragen hatte . . .

40 Seiten, Großformat, vierfarbig, gebunden

Cousto **Die Kosmische Oktave**

Der Weg zum universellen Einklang. In diesem Buch sind alle Schritte erläutert und formalisiert, um aus astronomischen Beobachtungsdaten die Rhythmen und die Stimmtöne der Erde, des Mondes und der Planeten herzuleiten. Ebenso sind die Berechnungsmethoden zur Feststellung des Sonnentones oder auch der Klänge einer Horoskopvertonung dargelegt. **240 S., 50 Grafiken, zahlreiche Tabellen, 32 S. wissenschaftl. Anhang, 15 Farbtafeln, geb. und Paperback**

Ulrich Sollmann (Hrsg.) **Bioenergetische Analyse**

Autoren und Themen: *A. Lowen:* Der Wille zu leben und der Wunsch zu sterben; *R. Robins:* Der rhythmische Zyklus und Widerstand; *E. Muller:* Auswirkungen des Berührens; *H. Petzold:* Der Schrei in der Therapie; *L. Rablen:* Das gespaltene Ich. Krebs und Probleme der Selbstabgrenzung; *A. Kloppstech:* Frauenarbeit mit krebskranken Frauen; *P. Boyesen:* Psychodynamische Analyse; *U. Sollmann:* Prozeßanalytische Körperarbeit in der Gruppe; *E. Svasta:* Jan Velzeboer und die Bioenergetische Analyse; *R. Steiner:* Die energetische Verbindung von Körper und Geist; *R. C. Ware:* C. G. Jung und der Körper — vernachlässigte Möglichkeiten der Therapie? etc. **252 Seiten**

Ernest L. Rossi **Die Psychobiologie der Seele-Körper-Heilung**

Neue Ansätze der therapeutischen Hypnose. Ist es wirklich möglich, über die Seele eine körperliche Krankheit zu heilen? Gibt es tatsächlich eine Verbindung zwischen den Genen und der Seele, mit deren Hilfe unsere Gedanken und

Gefühle die Heilung unterstützen können? Ja, sagt der Autor, und führt uns in die faszinierende Welt der Psychobiologie ein, die die derzeitigen Ansätze innerhalb der Medizin und der Psychologie auf revolutionäre Weise verändert. Rossi zeigt neue Möglichkeiten auf, wie die Heilung von Krebs, Asthma, rheumatischer Arthritis, krankhaften Stimmungsschwankungen und einer Vielzahl anderer psychosomatischer Störungen unterstützt werden können. Sein anschauliches Konzept, wie man Symptome in Signale und psychische Probleme in schöpferische Hilfsquellen umwandeln kann, ist überzeugend, denn es ermöglicht intuitiv zu spüren, daß wir alle den Schlüssel zu unserer Gesundheit und zu unserem Wohlbefinden in uns tragen. **312 S., zahlreiche Tabellen und Abb., Hardcover**

David K. Reynolds **Die Stillen Therapien**

Japanische Wege zu persönlichem Wachstum. Mit diesem Buch stellen sich eine Reihe von Psychotherapien und therapeutischen Methoden dem europäischen Leser vor, die von einem völlig anderen Verstehen des Menschen ausgehen. Während wir im Westen Therapie oft nur als Symptombekämpfung verstehen, ist im östlichen Denken die Befreiung des Geistes als Ganzes im Vordergrund. Damit stehen Die Stillen Therapien im Zentrum der neuen geistigen Bewegung – der Sehnsucht nach Ganzheit, Re-Integration, nach der unmittelbaren Erfahrung des eigenen Selbst.
In diesem Buch finden Sie klare, praktikable und energievolle Wege zu sich selbst. **160 Seiten**

Rosalyn L. Bruyere **CHAKRAS – Räder des Lichts – Einführung**

Dieses ist das Grundlagenbuch für jeden, der über das esoterische Wissen hinaus Einsicht und Wissen in die Funktionen der Chakras und der feinstofflichen Energiefelder erlangen möchte. In diesem Einführungsband wird die Natur der Chakras untersucht und eine Übersicht gegeben. Mit den folgenden sieben Bänden, jeweils einem Chakra zugeordnet, wird dieses Werk die bisher umfassendste Beschreibung der feinstofflichen Energien und des Chakrasystems sein.
Jedes der sieben Primärchakras ist ein »Rad des Lichts«, ein sich drehendes, farbiges, elektromagnetisches Feld. Zusammen erzeugen diese sieben Felder die Aura des Menschen. In alten Überlieferungen schon gibt es verschiedene Beschreibungen dieser Energie- oder Lichtfelder, die aus dem physischen Körper strömen. Doch erst in neuester Zeit hat die Wissenschaft die Existenz der feinstofflichen Energien und der Aura bestätigt. **144 Seiten, großformatig**

Rosalyn L. Bruyere: **CHAKRAS – Räder des Lichts. Band 1. Das Wurzelchakra**

Kapitelinhalte: I Vitalität, II Kundalini, Sitz des physischen Körpers, III Die Kraft des Feuers, IV Sexualität, Kundalini und Karma, V Die Wissenschaft und die Chakras, VI Krankheiten und Dysfunktionen. **144 Seiten, großformatig**
Alle Bände durchgehend mit Fotos, Zeichnungen, wissenschaftlichem Begleittext und Übungen.

Stamboliev **Den Energien eine Stimme geben**

In der Voice-Dialogue Methode werden Energiemuster des Menschen als eigene Persönlichkeiten angesprochen und aktiviert – den Energien wird eine Stimme gegeben, sich mitzuteilen. Die Fähigkeit des Voice-Dialogue Therapeuten, sich auf den Prozeß einzustimmen und mit seinen eigenen entsprechenden Energiemustern mitzuschwingen, ermöglicht dem Klienten ein intensives Erfahren, Erkennen und Integrieren der psychisch-emotionalen Realität dieser Muster.
Stamboliev gibt auch einen Überblick über die Lehre des T'ai-chi-ch'uan und über verschiedene esoterische Systeme, um dem Voice-Dialogue Therapeuten zu helfen, eine größere energetische Sensibilität der Methode gegenüber zu entwickeln.

Thomas Armstrong **Die Spiritualität des Kindes**

Pädagogik für ein neues Bewußtsein. Anhand zahlreicher Beispiele aus Literatur und Wissenschaft, Mythologie und Erfahrung zeichnet der Autor ein Bild vom zweifachen Wesen des Kindes: „Es gehört sowohl zum Himmel wie zur Erde, und es tritt als Brücke zwischen Licht und Dunkel, Körper und Geist, Ich und Selbst, Mensch und Gott in unser Leben. Das spirituelle Kind singt und tanzt diese Ganzheit mit jeder Faser seines Seins. Wir alle täten gut daran, zuzuhören. Und noch besser daran, mitzusingen und mitzutanzen!" **192 Seiten**

Helmut G. Sieczka **CHAKRA-KASSETTE. Energie und Harmonie durch den Atem**

Unser Atem ist die wichtigste Brücke zwischen dem Körper und der Seele. Der Atem ist die Verbindung von Innen und Außen, vom Individuum zum Universum. Die sieben feinstofflichen Energie- und Bewußtseinszentren, den sogenannten Chakren, fließt unsere Lebensenergie.
Mit diesen zwei praktischen Atemübungen können Sie Störungen auf der energetischen, körperlichen und geistigen Ebene ausgleichen und harmonisieren. **Spieldauer: je Seite ca. 42 Minuten**

David V. Tansley **RADIONIK – Energetische Diagnose & Behandlung**

Radionik ist ein System der Diagnose & Behandlung, das die menschliche Fähigkeit der übersinnlichen Wahrnehmung direkt mit einbezieht, um somit die tiefliegende Bedeutung der Krankheit in einem lebenden Organismus zu erkennen. Diese Kunst des Heilens entwickelte sich aus einem Bereich der medizinischen Forschung von Prof. Dr. A. Abrams, der aufzeigte, daß Leben — und somit auch Krankheit — schwingende Energie ist, die energetisch behandelt werden kann. Die moderne Physik bestätigt dieses Modell seit langem. Radionik kann in jeder Therapieform praktiziert werden. Überwiegend wird sie in Verbindung mit Homöopathie, Schüssler-Salzen und der Bach-Blütentherapie angewandt. Radionik ist ein sanfter Ansatz zur Heilung, frei von den unliebsamen Nebeneffekten der herkömmlichen medikamentösen Therapie. David Tansley, die führende Autorität auf dem Gebiet der Radionik, beantwortet in diesem Buch u. a.: Wie arbeitet Radionik? Wie kann ein Therapeut die Diagnose stellen und die Behandlung ausführen, ohne den Patienten zu sehen? Was umfaßt eine Radionik-Diagnose? Welche Krankheiten können mit dieser Methode behandelt werden?
100 Seiten

David Tansley **Die Aura des Menschen**
Energiefelder in der Diagnose
Die menschliche Aura ist etwas, das die meisten von uns bisher nur vage wahrgenommen haben, und dennoch ist es, wie dieses Buch zeigt, möglich und auch wichtig, sich der eigenen Aura und der anderer Leute deutlich bewußt zu sein. David Tansley greift auf die Forschungen und Beobachtungen sowohl von Wissenschaftlern als auch von hellsichtigen zurück, erklärt die Bedeutung der Farben, die man in der Aura sieht, und beschreibt das Verhältnis von Aura, Chakras und feinstofflichen Körpern. Er warnt vor der physischen und psychischen Verschmutzung der Aura und beschreibt Übungen, mit denen die Aura gereinigt werden kann. Dieses Buch leitet uns zum Erwecken unserer latenten Fähigkeit, die Aura zu sehen, zu fühlen und zu interpretieren; es zeigt, wie wir das noch weitgehend ungenutzte Potential der Aura für Medizin und Heilarbeit entfalten können. **zahlr. Abb., 240 Seiten**

David Tansley **Auren, Chakren und die Sieben Strahlen des Lebens**
Radionik ist eine Heilkunst ohne Grenzen. Es umfaßt das Spektrum des menschlichen Geistes und seiner Kraft, zu heilen. „Dieses Buch bietet den Grundstein, auf dem Praktiker bauen können, nicht nur in der Radionik, sondern auch in der Sozialarbeit und -beratung, der Psychotherapie, Medizin und Heilung." *H. Korteweg*

David Tansley **Der Feinstoffliche Mensch**
Radionik in der energetischen Behandlung
Radionik ist eine Diagnose- und Therapiemethode, die vorrangig über die feinstofflichen Kraftfelder und Energiezentren die Untersuchung und Behandlung von Krankheitsursachen ausführt.
Tansley gibt ein einfaches und zugleich praktisch anwendbares Bild der feinstofflichen Anatomie des Menschen, dem Informationsträger unserer Existenz – und damit Basis für Heilung und Gesundheit. **zahlr. Abb., 160 Seiten**